# CONTES ET LÉGENDES
DE LA NAISSANCE DE ROME

**Du même auteur, dans la même collection :**
*Légendes du monde grec et barbare*

Loi n° 49-956 du 16 juillet 1949 sur les publications destinées
à la jeunesse : mai 1994.

© 1933, éditions Nathan.

© 1994, éditions Pocket Jeunesse pour le cahier « Entracte »
et la présente édition.

ISBN 2-266-08631-6

Achevé d'imprimer par Maury-Eurolivres S.A. - 45300 Manchecourt

Dépôt légal : mai 1994.

 12, avenue d'Italie • 75627 PARIS Cedex 13

Tél. : 01.44.16.05.00

# LAURA ORVIETO

# Contes et légendes de la naissance de Rome

NATHAN

I

# HISTOIRE DU ROI PROCAS
# ET DE SES DEUX FILS

Il y a plus de mille et même plus de deux mille ans, quand il n'y avait encore ni Londres, ni Paris, ni Rome, ni Milan, il y a plus de mille et même plus de deux mille ans, un bon roi vivait dans le plus beau pays du monde, et ce bon roi avait deux fils.

Le pays avait des prairies verdoyantes, de sombres forêts, un ciel d'azur. Un grand fleuve le parcourait et charriait ses ondes claires vers la mer — et la mer était d'azur sous le ciel bleu, resplendissante au soleil, grise sous les nuages, mystérieusement sombre à la lueur des étoiles, et d'argent quand brillait la lune. La mer était vaste, les forêts touffues. Au printemps les oiselets chantaient l'amour sur les branches tandis que les fleurs embaumaient l'air. Les hommes travaillaient la terre qui leur donnait en échange de doux fruits rougeoyants et de belles gerbes d'épis dorés.

Au milieu des forêts, près du fleuve clair, s'élevait la blanche cité d'Albe dans laquelle habitait le roi du pays, appelé Procas.

Le roi Procas était bon. Les chasseurs, les bûcherons, les pêcheurs, les paysans lui apportaient volontiers les produits de la terre, de l'eau, et du ciel — grands poissons argentés, animaux sombres au poil souple, oiseaux de toutes couleurs, grains et fruits en quantité, outres gonflées de lait ou de vin rouge, fromages rondelets. Les habitants de la campagne et des bois apportaient toutes ces choses à leur roi qui les défendait et les protégeait des attaques de l'ennemi. Il habitait la ville d'Albe, régnait avec justice et sagesse et ses sujets vivaient heureux et en paix.

Le roi Procas était bon, mais il n'était point heureux ; son âme était toujours en peine. Comment aurait-il pu être tranquille, ce pauvre roi ? De ses deux fils, l'aîné, il est vrai, lui ressemblait : il était bon et juste comme lui et ne lui aurait causé aucun souci. Mais l'autre le préoccupait car, méchant et rusé, il était toujours prêt à la violence et à la tromperie, ambitieux à l'excès, n'écoutant jamais la voix de la raison.

Le prince Amulius, le cadet, ne ressemblait en rien à son père et à son frère. Autant ceux-ci aimaient la paix et la justice, autant le prince Amulius se complaisait aux querelles, au sang versé, à la violence. Il aurait voulu être toujours et partout le premier, faire tout à sa guise, commander et assujettir les autres, et il détestait son frère aîné, le prince Numitor. Il le détestait surtout parce qu'à la mort du père celui-ci deviendrait naturellement le roi.

Et le prince Amulius enrageait : « Pourquoi lui et pas moi ? Parce qu'il est mon aîné ? Est-ce que cela compte ? Ne suis-je pas aussi fort que lui, et même bien plus fort et plus capable de commander et de régner ? On dit qu'il est bon ! Lui, bon ? en vérité ! Bon à rien ! Il est toujours avec les bergers et les prêtres ! Il ne s'intéresse qu'aux études et aux travaux des champs. Sont-ce là des penchants de roi ? Un roi doit être audacieux et batailleur, il doit punir et tuer, attaquer et défendre : il n'a pas à discuter et à réfléchir — et lui ne fait que réfléchir ! Il n'y a aucun doute ; de nous deux, c'est moi le roi ; tant que je vivrai, c'est moi qui régnerai : je ferai mon chemin à tout prix, ce n'est pas difficile de commander à mon frère ! Tant que notre père est en vie, c'est différent, mais après... »

Ainsi raisonnait le prince Amulius, tandis qu'il rassemblait autour de lui les jeunes gens les plus violents et les plus belliqueux, passant jours et nuits avec eux dans les bois comme un sauvage, à l'affût des loups, des ours et des lions. Il tuait, tuait, massacrait : il rentrait chez lui chargé de proies et de sang, heureux d'avoir vaincu, heureux de s'être mesuré avec les habitants les plus vigoureux des forêts. Il rentrait chez lui et ses compagnons remplissaient la ville et le palais de leurs cris de triomphe, car ils se sentaient les dominateurs du monde.

Le prince Numitor, il est vrai, n'aimait pas la chasse. C'était un homme doux et affable, qui essayait de répandre aussi peu de sang que possible et d'acquérir autant de sagesse qu'il pouvait. Le prince Amulius avait raison : son frère recherchait la compagnie des sages, des prêtres, des bergers. Il lui plaisait d'apprendre pour pouvoir enseigner ensuite. Souvent, il rendait visite à ses paysans. Il allait parmi eux et leur montrait comment il fallait cultiver la terre, afin qu'elle rendît des fruits plus abondants et plus savoureux ; il leur disait quels soins ils devaient donner aux troupeaux afin de les faire prospérer : plus que la mort, il aimait la vie, et au sang vermeil il préférait l'émeraude des prés.

Le bon vieux roi Procas était inquiet. Il voyait que son fils aîné aimait trop la paix pour ne pas se laisser opprimer par les violences et les insolences de son cadet. Tant qu'il vivrait, lui, tout irait bien, mais après, qu'arriverait-il ? Le prince Amulius voudrait certainement être le maître toujours et partout ! « Comment puis-je faire, comment arranger les choses afin que mes fils s'entendent en bons frères après ma mort ? » Le vieux roi pensait à tout cela et se tourmentait ; quand il sentit venir sa fin, il appela ses deux fils, le berger et le guerrier, et leur dit :

« Mes enfants, d'ici quelques heures je ne serai plus de ce monde. Je ne regrette point de le laisser, car je suis vieux ; j'ai vu beaucoup d'événements et pendant toute ma vie je n'ai jamais cherché qu'à faire le bien. Mais avant de mourir, je vous demanderai deux choses : la première est que vous partagiez en bons frères l'héritage que je vous laisse. Faites-en deux parts égales : toi, Amulius, partage ; et toi, Numitor, choisis. »

« Nous ferons selon ton désir, ô mon père », dit le prince Numitor d'une voix grave et émue.

« Nous ferons selon ton désir, ô mon père », dit le prince Amulius d'une voix grave et sombre. Et les armes qu'il portait sur lui jour et nuit retentirent sourdement.

Tandis que les deux princes se trouvaient au chevet de leur père mourant, et qu'ils parlaient de la sorte, voici qu'entra dans la chambre un petit garçon, le fils du prince Numitor, suivi de deux fillettes rieuses, vêtues de blanc, qui se tenaient par la main. C'étaient la princesse Anto, la fille du prince Amulius, et la princesse Silvia, la fille du prince Numitor. Elles semblaient plus sœurs que cousines, ayant toutes deux le même joli visage gai, les yeux brillants, le teint rose. Et elles s'aimaient tendrement comme des sœurs. On ne voyait jamais la princesse Anto sans la princesse Silvia, ni la princesse Silvia sans la princesse Anto. Elles riaient et pleuraient ensemble. Ensemble, elles jouaient à la poupée et à la dînette et ensemble elles filaient la quenouille. Le matin, elles se levaient ensemble et le soir ensemble allaient se coucher. La princesse Silvia adorait sa petite cousine Anto qui lui rendait bien son affection. C'est pourquoi elles étaient heureuses.

Ce jour-là, elles avaient remarqué un peu de désordre au palais. Personne ne prenait garde à elles, et tout le monde semblait fort affairé. Qu'y avait-il ? On parlait à voix basse, et l'on disait du roi : le pauvre roi !!! Elles s'approchèrent des appartements du grand-père et se montrèrent sur le seuil. Mais là elles s'arrêtèrent en silence, sans comprendre ce qui se passait. Le grand-père parlait avec peine, mais d'une voix distincte et solennelle, comme s'il disait des choses très importantes ; leurs papas parlaient également, fort sérieux tous les deux comme s'ils disaient, eux aussi, des choses très importantes.

Tandis que les fillettes restaient sur le seuil, incertaines et hésitantes, et que personne ne les avait encore aperçues, voilà qu'un jeune garçon passa devant elles, conduit par un soldat. C'était le frère de la princesse Silvia, fils lui aussi du prince Numitor. Alors les petites cousines prirent courage : elles suivirent le petit prince et s'approchèrent avec lui, sur la pointe des pieds, du lit du grand-père.

Le vieux roi, en les voyant, sourit. Un éclair de joie l'illumina, car il savait que l'amour des deux fillettes était le lien le plus fort qui unissait ses deux fils.

« Fillettes, venez ici : faites-moi, vous aussi, une promesse, comme vos pères. Jurez-moi de rester amies, quoi qu'il puisse arriver, jurez-moi de vous aimer toujours ! »

La princesse Silvia et la princesse Anto regardèrent le grand-père avec étonnement. Bien certainement, elles seraient toujours amies ! Bien certainement, elles s'aimeraient toujours ! Comment était-il possible d'en douter, comment en pourrait-il être autrement ? Mais l'idée de prêter serment comme de grandes personnes, de se promettre un amour infini, plut aux deux fillettes.

« Nous serons amies pour toute la vie et nous nous aimerons toujours ! Je le jure par Vénus et par Junon, par le ciel et par la terre ! » dit solennellement la princesse Silvia.

« Nous serons amies pour toute la vie et nous nous aimerons toujours ! Je le jure par Vénus et par Junon, par le ciel et par la terre ! » répéta solennellement la princesse Anto.

Le grand-père leur donna sa bénédiction. Elles le saluèrent et s'en retournèrent à leurs jeux en gazouillant comme de petites hirondelles.

Et le grand-père bénit aussi son petit-fils, l'enfant destiné à être roi à son tour, car c'était le fils unique de son premier-né.

Puis le vieux roi Procas s'allongea sur son lit et ne parla plus. La mort allait arriver, et il l'attendait avec sérénité ; il ne la craignait pas, car toujours, pendant toute sa vie, il avait fait son devoir.

La mort vint, telle une grande ombre calme, et prit le vieux roi en son silence.

*Le grand-père leur donna sa bénédiction.*

Et les deux petites cousines grandirent, s'aimant toujours, mais le plus jeune des deux fils du roi Procas, le prince Amulius, n'aima jamais son frère aîné.

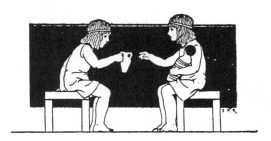

## II

# HISTOIRE D'UN PETIT PRINCE

UAND le vieux roi Procas fut mort et que les honneurs funèbres lui eurent été rendus, le prince Amulius alla trouver le prince Numitor. Il avait le visage affligé et paraissait humble et bon, mais au-dedans de son cœur il n'y avait ni douleur, ni humilité, ni bonté. Il n'y avait que le désir de commander à tout prix, d'être le maître, toujours et partout.

Il songeait : « Notre père m'a chargé, moi, de faire le partage des biens ; il a dit à mon frère de choisir, donc je dois partager les choses de telle façon que, quoi qu'il choisisse, je trouve toujours le moyen de le dépasser. Et je l'ai trouvé, le moyen ! Ce n'est pas bien difficile, avec un prince trois fois bon comme lui ! Je serais bien stupide si je ne réussissais pas ! »

Ayant ainsi songé, le prince Amulius parla :

« Frère, je suis venu vers toi pour exécuter la volonté de notre père. Il est mort et notre désolation est grande. Mais le peuple a besoin d'un roi et nous devons penser au peuple. Notre père a dit que, moi, je devais partager l'héritage et que toi, tu devais choisir. Voici ce que je te propose : que l'un de nous aie le règne et l'autre les biens. Cela te semble-t-il juste ? Et que choisis-tu, le règne ou les biens ? »

Et à part soi, le méchant prince pensait : si mon frère choisit les biens, il me sera facile, étant roi, de les lui ôter, et s'il choisit le règne, j'aurai vite fait, grâce à ma richesse, de le lui enlever !

Ainsi pensait le prince Amulius dont le cœur était perfide.

« Je ne sais si ton partage est juste », répondit le prince Numitor. « Mais notre père t'a chargé de l'établir, et je l'accepte volontiers. Il ne m'importe pas d'être riche. Je préfère devenir roi d'Albe et m'essayer à faire un peu de bien à mon peuple. Mais toi, reste avec moi, car maintenant que notre père est mort, nous devons être plus unis qu'avant et nous aimer encore davantage ! »

Ainsi parla le prince Numitor qui ne se doutait pas des mauvaises pensées de son frère et ne voyait que le bien partout.

Le prince Numitor devint roi et le peuple lui fit fête avec des feux et des chants de joie ; mais personne ne montra plus d'allégresse que le prince Amulius, bien qu'en son méchant cœur il pensât déjà à la trahison.

Les deux frères habitèrent donc ensemble le palais royal, et avec eux vivaient les princesses Anto et Rhéa Silvia et le fils du roi, un beau garçon aimé de tout le peuple. Il semblait que le prince Amulius lui aussi aimât beaucoup son neveu, le fils du roi : il semblait même qu'il l'aimât plus que tous les autres. Il le gardait toujours auprès de lui, lui enseignait le maniement des armes et des épieux de chasse ; il l'emmenait aussi dans les expéditions dangereuses à travers les forêts, pour abattre les loups féroces, les ours et les sangliers. Le jeune garçon était fort et courageux, mais il ne le semblait jamais assez au prince Amulius, qui au lieu de le retenir en lui conseillant la prudence, l'engageait à chercher toujours de nouveaux périls.

« Ni un sanglier, ni un serpent ne doivent faire peur au fils du roi ! Sus ! Courage ! à la chasse, à la chasse ! »

En entendant ces mots, ie jeune garçon bondissait en selle, tout frémissant, et partait avec son oncle ; puis revenait, sanglant, triomphant, la proie sur les épaules.

Mais le vieux chasseur auquel le roi avait confié le garçon et qui l'accompagnait toujours dans les chasses périlleuses, n'était point satisfait.

« Ô mon roi, plus d'une fois déjà j'ai sauvé ton fils des crocs des bêtes sauvages. Il ne s'épargne pas devant le péril, et le prince son oncle ne le mesure pas pour lui. Parle-leur, à l'un et à l'autre, recommande-leur un peu de prudence, toi qui peux le faire ! »

Le roi fit appeler son frère et lui parla :

« Mon frère, tu es fort et courageux, et tu ne mesures pas le danger, ni pour toi ni pour les autres. Mais mon fils est encore un enfant ; je t'en prie, pense à lui, ne l'expose pas d'une façon aventurée. »

« Qui te dit que je ne mesure pas le danger ? Qui te donne ces renseignements de femmelette ? Ah ! j'ai compris ! Mais, mon cher, c'est un vieillard qui a peur de tout ! Ne suis-je pas là, moi, n'y sommes-nous pas tous, chasseurs experts, pour défendre ton fils ? »

Et le roi se calma un peu ; puis il appela son fils et l'exhorta à ne pas se laisser exciter par la soif du sang.

« Le fils du roi ne doit craindre ni un serpent ni un sanglier, mais il faut connaître le danger afin de le mesurer. Tu ne le connais pas encore, tu ne le mesures pas ! Tu te laisses emporter par la joie de vaincre : c'est une ivresse qui ruine facilement un homme. Celui qui recherche le sang, sera vaincu par le sang, mon fils ! »

Et le jeune garçon écoutait en silence les paroles de son père, qui lui semblaient pleines de sagesse et de vérité, mais il bondissait, prompt et frémissant, s'il entendait la voix de son oncle qui l'incitait à des entreprises toujours plus difficiles et plus périlleuses.

Tel qu'un mauvais génie, le prince Amulius s'approchait de son neveu et le persuadait que le roi Numitor était bon et sage, mais trop prudent ; la prudence, disait-il, est une belle chose, mais non pour un garçon qui doit devenir roi et qui doit s'habituer à tous les périls.

Ainsi le prince Amulius éloignait le fils de son père et effaçait de son âme l'impression produite par les paroles paternelles. Car il n'aimait pas ce neveu jeune et fort, destiné à être roi d'Albe. Lui seul et personne d'autre, devait être roi : à tout prix, au moyen de n'importe quel crime, il deviendrait roi !

« Sus, courage, à la chasse, à la chasse ! »

Il faisait encore nuit noire quand le prince Amulius réveilla le jeune homme afin de l'emmener bien loin dans les forêts touffues et sombres pour relancer les sangliers et les loups féroces dans leurs tanières.

Il appela les compagnons de chasse et les serviteurs, prit les chiens et partit avec son neveu. Mais il ne fit rien savoir au vieux chasseur. « C'est un trouble-fête, qui voit du danger partout ; il vaut mieux le laisser à la maison », dit-il à l'enfant.

Ils partirent pour les noires forêts. On entendait de loin des cris et des hurlements : c'étaient des bandes de loups affamés qui erraient en quête de proie. Les chasseurs s'élancèrent contre les loups : la lutte s'engagea entre les hommes et les bêtes, et la lutte fut féroce.

Mais il n'y avait personne pour protéger le fils du roi : si quelqu'un pensait à lui, ce n'était que pour le pousser vers le péril. Et au milieu de la mêlée entre hommes et bêtes, le jeune prince tomba, happé par les crocs, déchiré, sanglant.

Les chasseurs firent une civière de branches et de rameaux et y déposèrent le corps du jeune homme. Le ciel blanchissait parmi les arbres sombres et les oiseaux commençaient à gazouiller joyeusement dans les branches, quand, à pas lents, ils revinrent à Albe en portant le corps inanimé du petit prince et ils pleuraient.

Il y eut une grande désolation dans la ville. Le roi Numitor pleura toutes les larmes de ses yeux sur la dépouille de ce cher et jeune fils, et son âme fut pénétrée d'une tristesse invincible. Les princesses Anto et Silvia pleurèrent et se déchirèrent le visage, elles s'arrachèrent les cheveux en sanglotant. Dans le palais et dans les rues, les gens se lamentaient et criaient en pleurant : « Le fils du roi est mort, mis en pièces par les loups, dans la nuit obscure : il était notre joie et notre espoir et nous l'avons perdu ! Oui, nous l'avons perdu, et qui le remplacera ? »

Ainsi se lamentaient les hommes et les femmes, dans la ville d'Albe, mais personne ne pensa que le prince Amulius eût conduit son neveu tout exprès dans les bois afin qu'il y trouvât la mort.

Personne ne le pensa, hors le vieux chasseur que l'on n'avait pas appelé pour la chasse nocturne et qui tant de fois auparavant avait protégé l'enfant. Mais le vieillard ne pouvait parler : qui aurait donné créance à ses soupçons ? Et puis le prince Amulius était beaucoup plus puissant que le roi Numitor ; sans en porter le titre, de fait il était déjà roi d'Albe et tout le monde tremblait devant lui.

Et tandis qu'on transportait la dépouille du jeune prince au lieu consacré, à côté de celle du grand-père, le vieux chasseur marchait tristement à côté des autres en pleurant.

Tout le monde pleurait, tout le monde se lamentait, mais le chasseur pensait : Ô féroce Amulius, tu sèmes la haine, tu récolteras la haine ; tu sèmes du sang, tu récolteras du sang !

Et la princesse Anto, près de la princesse Silvia en larmes, lui disait : « Silvia, ma petite cousine, ne te désespère pas ainsi ! Tu as perdu un frère et un protecteur, mais moi je serai toujours ta sœur et je te protégerai toute la vie ! »

Ainsi parlait la princesse Anto, tandis que dans les larmes et les lamentations, le corps du fils de Numitor était transporté au lieu qui lui était destiné.

## III

# HISTOIRE D'UNE PRINCESSE QUI DEVINT VESTALE

Il se passa encore un an.

Il faut savoir que, dans la cité d'Albe, se trouvait un temple dédié à la déesse du foyer domestique. Cette déesse s'appelait Vesta ; dans son temple, le feu devait brûler jour et nuit et quatre jeunes filles choisies parmi les plus nobles de la ville, le gardaient à tour de rôle, afin que la flamme ne s'éteignît jamais [1].

Car, en y réfléchissant, qu'est-ce que le feu ? N'est-ce pas une chose merveilleuse, qui nous donne la lumière, la chaleur, la vie ? N'est-ce pas un des dons les plus grands que Dieu nous ait accordés ? Il nous est facile — à nous autres — d'allumer le feu ; avec une allumette, ou en tournant le bouton du commutateur, le voilà qui apparaît tout à coup, clair et

---

1. Les prêtresses de la déesse Vesta portaient le nom de vestales ; elles étaient désignées très jeunes pour entretenir le feu sacré et devaient faire vœu de chasteté.

brillant, et c'est une joie de le contempler. Mais, dans ces temps anciens, l'électricité n'avait pas encore été découverte et l'on n'avait pas même inventé les allumettes ; c'était une chose longue et difficile d'obtenir ne fût-ce qu'une étincelle ; et le feu semblait être non seulement un don du ciel, mais une divinité en soi. On l'adorait dans les maisons où il ne devait jamais s'éteindre et dans le temple de Vesta où l'on allait prier les jours de solennité. La flamme devait briller perpétuellement sur l'autel de la déesse Vesta. Si par hasard elle s'éteignait, les gens croyaient qu'un malheur arriverait et toute la ville prenait le deuil : les habitants hurlaient, se lamentaient et faisaient des processions pour supplier la déesse Vesta de ne pas leur envoyer de châtiments trop sévères en expiation de leurs péchés. Et une punition terrible s'abattait sur la jeune fille qui avait négligé l'autel de Vesta.

D'ordinaire, pourtant, les gardiennes du temple étaient vénérées et honorées plus que toutes les autres femmes : elles portaient bonheur ; si un condamné rencontrait une vestale sur le chemin du supplice, elle pouvait, si elle voulait, demander sa grâce, et il était libéré.

Quand la princesse Silvia eut dix ans, le prince Amulius la fit appeler. Il était devenu le vrai seigneur d'Albe, n'en ayant laissé au pauvre roi Numitor que le titre, qui lui importait peu. Le prince Amulius fit donc appeler la princesse et lui dit :

« Princesse Rhéa Silvia, sais-tu quel est l'honneur le plus grand que l'on puisse accorder à une enfant d'Albe ? C'est de la nommer vestale et de lui donner à garder la flamme qui brille perpétuellement. Je te concède cet honneur. Tu auras une robe blanche et légère comme seules les vestales peuvent les porter ; tu seras servie et honorée plus qu'une reine. Les prêtresses, tes aînées, te prendront sous leur protection et t'enseigneront toutes les choses que tu dois savoir, afin que le feu brûle constamment selon les désirs de la déesse. Quand tu te promèneras dans la rue, les hommes et les femmes s'inclineront à ton passage, parce que les vestales sont les personnes les plus honorées qui existent sur terre. »

La princesse Silvia fut bien heureuse. Elle courut chez sa petite cousine qui était l'amie de son cœur et lui apprit tout de suite la grande nouvelle.

« Anto, il m'arrive un grand bonheur. Ton père m'a annoncé que je deviendrai vestale. Il m'a choisie, moi, pense, quelle joie ! J'aurai une robe blanche, toute fine et légère comme portent les vestales dans le temple de Vesta, et je devrai garder le feu sacré. Je ne le laisserai jamais s'éteindre, jamais ! Quand je passerai dans la rue, tout le monde s'inclinera à mon passage et tout le monde sera content parce que je porterai bonheur ! »

« Ô Silvia, pourquoi toi seulement et pas moi ? Ce n'est pas juste, non, ce n'est pas juste ! Moi aussi, je veux devenir vestale, sinon je ne pourrai plus rester près de toi, et je veux toujours rester près de toi, toujours ! »

Et la princesse Anto courut chez son père pour lui dire qu'elle aussi voulait garder le feu sacré et devenir elle aussi prêtresse de Vesta comme sa cousine.

« Non, ma fille, pas toi », répondit le prince Amulius. « Les vestales ne peuvent pas se marier et avoir des enfants, et je veux, dans quelques années, te marier à un prince beau et fort afin que tu mettes au monde un enfant beau et fort qui puisse devenir roi d'Albe. »

« Je ne veux pas d'enfants, je ne veux pas de mari ! Je veux rester toujours avec toi, papa, et avec ma petite cousine Silvia ! Permets-moi d'être vestale comme elle, papa ! »

« Non, ma chérie, tu as d'autres devoirs. Mais je te promets que tu resteras toujours avec moi et avec la princesse Silvia, qu'il n'y aura rien de changé dans votre vie. Es-tu contente, ma petite fille ? »

« Je suis contente si tu le désires, papa ! »

En effet, la vie continua comme auparavant pour les deux petites cousines amies. La différence était fort minime. La princesse Anto assistait aux cérémonies de la cour, tandis que la princesse Silvia apprenait les honneurs dus à la déesse Vesta ainsi que les prières dont ils étaient accompagnés. La princesse Anto portait des robes de toutes les couleurs, tandis que les vêtements de la princesse Silvia étaient toujours blancs, même quand, munie d'une amphore brillante, elle allait puiser de l'eau à la source pour la porter au temple où on lavait les objets sacrés ; même quand elle déposait dans une élégante corbeille, pour la vestale de garde, le bois qui servait à entretenir le feu sacré. Mais les deux fillettes passaient ensemble comme auparavant maintes heures de la journée, et leur amitié devenait de jour en jour plus forte.

« Tu es ma sœur et je suis ta sœur, et loin de toi je ne pourrai jamais être heureuse ! » disait la princesse Anto.

« Tu es ma sœur et je suis ta sœur, et je prierai toujours la déesse Vesta afin qu'elle te donne la paix et le bonheur ! » disait la princesse Silvia.

Ainsi passèrent les semaines, les mois et les années.

## IV

# HISTOIRE D'UNE VESTALE ET D'UN FEU ÉTEINT

LES années passèrent. Par une matinée de printemps — il y avait un grand babil d'oiseaux dans le ciel et dans les branches, et toute la terre chantait dans les eaux réveillées de ses torrents, et les insectes bourdonnaient par milliers sur les fleurs blanches et jaunes — la princesse Silvia se rendit comme d'habitude à la forêt pour puiser de l'eau à la source sacrée.

Elle était seule et elle rencontra un jeune guerrier qui s'inclina à son passage et la regarda longuement pendant qu'elle remplissait le broc luisant d'eau cristalline. Aussitôt qu'elle vit la princesse Anto, elle le lui raconta. « Petite cousine, j'ai rencontré un guerrier dans le bois, aujourd'hui. Je ne sais qui c'est ni d'où il vient, mais il est très beau. Il m'a saluée à mon passage et s'est arrêté à me regarder pendant tout le temps que je puisais de l'eau. »

Le jour après, la princesse Silvia rencontra de nouveau le jeune homme. Elle marchait par un sentier herbeux le long du ruisseau, quand il vint à sa rencontre et s'inclina.

« On dirait le dieu Mars [1] descendu sur terre parmi les hommes », pensa la jeune fille. Et elle ne parla plus du jeune homme à sa cousine Anto, mais désira être libre afin de pouvoir épouser le beau guerrier qui la rencontrait tous les jours, qui s'inclinait à son passage et lui parlait d'amour.

La princesse Silvia pria le jeune homme de ne plus jamais revenir sur son chemin et de ne plus lui parler. Mais il ne fit point attention à ses prières ; il revint, au contraire, tous les jours et tous les jours lui parla, et secrètement l'épousa.

Les jours passèrent et les mois.

Maintenant la princesse Silvia était très malheureuse et pleurait beaucoup. Elle surveillait le feu et pleurait, elle récitait ses prières et pleurait. Les prêtresses ses compagnes s'en aperçurent et la princesse Anto s'en aperçut aussi et lui parla.

« Petite cousine, pourquoi es-tu si triste ? Quel est le chagrin qui te rend si pâle et défaite ? Tu ne m'as jamais rien caché depuis notre naissance et voilà qu'à présent tu ne me parles presque plus ! Cela n'est pas juste, pas juste du tout ; quoi qu'il t'arrive, j'ai le droit de le savoir ! S'il est possible de t'aider, je t'aiderai, s'il est possible de te consoler, je te consolerai et s'il est absolument impossible de faire quelque chose, je pleurerai avec toi. Mais ne m'éloigne pas, je ne le mérite pas, car tu sais que je t'aime comme une sœur. »

---

1. Fils de Jupiter et de Junon, Mars est le dieu de la Guerre.

*Le jour après, la princesse rencontra de nouveau le jeune homme.*

Alors la princesse Silvia raconta en pleurant à la princesse Anto qu'elle avait épousé secrètement le guerrier de la source et qu'elle attendait un petit enfant.

« Un enfant ? Toi ? Une vestale ? » s'écria la princesse Anto, atterrée. « Mais sais-tu quel est le châtiment qui t'attend ? Ô dieux ! Que faut-il faire ? »

Elle vit que sa cousine pâlissait de plus en plus, qu'elle semblait presque une morte, et elle se reprit. « Je parlerai à mon père, je lui parlerai, je te le promets, Silvia : je ferai tout pour te sauver ; j'y réussirai, Silvia, ou je mourrai, moi aussi ! » — « Comment ? Tu ne veux pas que mon père le sache ? Mais comment est-il possible qu'il ne le sache pas ? Lui seul peut te sauver ! Je lui parlerai le plus tôt possible : il m'aime, il m'aidera. Prions, Silvia ! Prions les dieux qu'ils nous sauvent ! »

La nuit tomba. La princesse Silvia était de garde et avait pris sa place dans le temple. Une fillette de douze ans, qu'elle initiait aux devoirs de vestale, lui tenait compagnie.

La fillette, assise sur un tabouret, attendait ses ordres.

Il faisait une nuit merveilleuse : la lune donnait en plein sur le feu sacré et le temple semblait ensorcelé.

La princesse Silvia avait tant pleuré, tant pleuré...

Après la conversation avec la princesse Anto, elle avait pleuré plus que jamais. Maintenant son âme était moins désespérée ; l'enchantement du clair de lune, l'amour de sa cousine lui donnaient une sérénité douce et nouvelle, comme si après tant de journées de torture passées dans une douloureuse réalité, elle vivait à présent en un songe, loin de la terre.

Elle se laissa bercer par ce songe, et s'endormit tandis que la fillette attendait toujours ses ordres. Elle aussi se laissait bercer par l'enchantement du clair de lune, par ces lueurs d'argent liquide et irréel. Le rouge de la flamme, la blancheur de la lune, le noir des ombres... la fillette s'endormit à son tour.

Tout à coup, elle s'éveilla en sursaut. La princesse Silvia l'appelait d'une voix étrange, affolée, et elle sauta sur ses pieds avant même d'ouvrir les yeux.

« Ici, là, du menu bois, du plus menu encore... Il s'éteint, le feu s'éteint ! »

Et toutes deux, la princesse Silvia et sa jeune compagne, sans penser à autre chose, pleines de terreur, s'élancèrent vers l'autel où le feu n'était plus qu'un tas de cendres au milieu duquel transparaissait une vague lueur rouge.

« Ici, ici ! Il y en a encore un peu ! Vite, vite, donne-moi, donne-moi ! »

Ah non, la princesse Silvia n'avivait pas le feu ; bien au contraire, dans son angoisse elle remuait trop hâtivement le peu de braise encore ardente et elle l'enfonçait dans la cendre.

« Je ne suis plus digne, je ne suis plus digne ! La déesse me méprise, je ne pourrai jamais rallumer le feu : la déesse ne veut pas de moi, la déesse me repousse ! » Ainsi pensait la princesse Silvia, tandis qu'elle cherchait à attiser le peu de flamme qu'on apercevait encore sur l'autel et qui, au lieu de se rallumer, s'éteignait de plus en plus.

« Je ne suis pas digne, je ne suis pas digne ! La déesse me méprise, elle me repousse, elle me chasse, elle veut ma mort ! »

Et tout à coup une terreur invincible glaça le sang dans les veines de la princesse Silvia : la porte du temple grinçait, la porte du temple s'ouvrait : et elle vit entrer, comme une ombre épouvantable, son oncle.

Le prince Amulius regarda autour de lui. Une fureur sourde entra dans son sang quand il eut compris, rien qu'à voir la princesse Silvia, que tout ce que ses espions lui avaient rapporté d'elle était vrai. La princesse pleurait à présent ; de ses yeux noirs et brillants, les larmes coulaient le long de son blanc visage et elle ne cherchait plus à les cacher. Elle ne voulait plus rien cacher, désormais : elle était trop fatiguée et trop mortellement triste.

Le prince Amulius n'eut point pitié de la malheureuse, bien au contraire, il l'injuria cruellement. « Il est juste, il est très juste que tu pleures ; et tu pleureras davantage encore, toujours, jusqu'à ta mort. Ne t'es-tu pas mariée secrètement, n'attends-tu pas un enfant ? Tu veux savoir qui me l'a dit ? Peu importe : je ne suis pas pour rien un prince et j'ai mes informateurs ! N'est-ce pas vrai, peut-être, n'est-ce pas vrai ? »

La princesse, pâle comme la cire, atterrée, regardait son oncle et ne disait pas un mot. Ses yeux seuls luisaient dans son visage blanc.

« Mais tu ne pleureras pas longtemps, console-toi, princesse », reprit le prince avec une moquerie atroce, « car tu n'as plus longtemps à vivre. Tu sais ce qui t'attend. On te conduira dans un cachot souterrain : la porte de ta prison sera murée et personne ne verra plus ton visage. Voilà le châtiment que tu as bien mérité et que tu devras subir. À présent, quitte le temple de Vesta, tu n'es plus digne d'y rester. »

Et le prince Amulius appela deux soldats qui emmenèrent la princesse au palais royal, dans la prison de la tour.

Le matin suivant, il y eut un grand tumulte devant le temple de Vesta. Le feu s'était éteint et la princesse avait disparu. Des passants l'avaient remarqué et bientôt la nouvelle courut de bouche en bouche et toute la ville fut en pleurs.

De tous côtés, cris et lamentations. Les vieillards pleuraient, les femmes pleuraient, les enfants pleuraient en passant devant le temple rond où le feu ne brillait plus.

« Le feu est éteint, le feu est éteint ! Malheur à nous ! Quels sont les maux terribles qui nous attendent ? Quelles calamités s'abattront sur notre cité et sur nos demeures ? Le feu est éteint, le feu est éteint ! Malheur à nous ! Le feu est éteint ! »

La princesse Anto entendit les cris et les lamentations, elle s'informa et apprit tout. Le feu s'était éteint et la princesse Silvia avait disparu ; elle ne se trouvait plus dans le temple, ni dans le palais ; personne ne savait où elle était.

La princesse Anto comprit que quelque chose de terrible était arrivé et courut, désespérée, chez son père.

Elle le vit, noir et menaçant, furieux, terrible ; et elle se pelotonna dans un coin, apeurée. Il lui semblait que ce n'était plus son père, mais un être épouvantable et étrange, qui marchait de long en large à grands pas à travers la chambre comme un ours en cage, s'arrêtant de temps à autre, serrant les poings et les dents comme s'il voulait frapper quelqu'un, puis reprenant son allure furieuse comme à l'assaut d'un ennemi invisible. Ce n'était plus son père, lui semblait-il, et elle se faisait toute petite, ramassée dans son petit coin, sans oser bouger ni parler.

« Ah ! tu es là ? Que veux-tu ici ? Qui t'a permis de venir ? Tu veux savoir ce qu'est devenue ta cousine ? Une belle cousine, en vérité, digne de ton affection ! Où est-elle ? Enfermée en prison, bien enfermée ! Ah, tu voudrais peut-être la délivrer, tu voudrais qu'elle descendît de la tour ? Elle descendra, n'aie pas peur, elle descendra ! Elle sortira de sa prison, oui, mais, entends-moi bien, pour entrer dans une autre bien plus terrible, bien plus sombre ; dans celle qu'elle a méritée ! Sais-tu donc ce qu'elle a fait, ta cousine, elle, une vestale ? Elle s'est mariée en secret, elle aura un enfant, entends-tu ! Et tu voudrais la sauver, toi ? Va-t'en et ne me parle plus d'elle, plus jamais ! »

La princesse Anto, pâle comme une morte en face de cet homme qui ne lui paraissait plus être son père, ne bougeait pas, ne parlait pas, ne pleurait pas. Elle le regardait, les yeux fixes et épouvantés, si pâle, le visage si bouleversé, que le prince Amulius se calma tout à coup.

« C'est ainsi, ma fille. Ta cousine a manqué à son serment de vestale. Et tu sais que quand une vestale manque à son serment, on l'emprisonne dans un cachot souterrain, on l'y enferme et on l'y laisse mourir. Personne ne peut la sauver, même pas toi, même pas moi si je le voulais. »

« Mais si, nous pouvons la sauver ! Cachons-la ! Personne ne sait où elle est, cachons-la, mon père ! Je ne peux pas l'abandonner, père, ma petite cousine, ma pauvre Silvia ! »

« Et son fils, et son fils ? » hurla le prince Amulius tout à coup, dans un nouvel accès de colère, brandissant les poings sous la figure de la princesse Anto. « Si je sauve ta cousine, son fils naîtra et deviendra roi d'Albe. Je ne le veux pas, je ne le veux pas ! »

La pauvre princesse Anto n'osa plus rien dire et quitta son père. Mais elle était bien décidée à ne pas abandonner sa cousine ; elle était bien décidée à la sauver, et elle la sauverait à tout prix !

La princesse Silvia fut retirée de la prison de la tour et transportée dans l'autre, souterraine. Un long cortège suivait en silence la condamnée ; les gens pleuraient son serment brisé et sa jeune existence à jamais perdue. Ils l'amenèrent en silence jusqu'au cachot souterrain et s'arrêtèrent à l'entrée. La cellule était toute petite. Elle contenait un petit lit et, à côté

30

du lit, il y avait un peu d'eau, un peu d'huile et une lampe allumée.

La princesse Silvia fut déposée sur le lit qui remplissait presque toute la chambre, et la faible lueur de la petite lampe éclaira son blanc visage.

Et voilà ce qui arrive : les maçons ferment l'entrée avec des pierres et des briques ; la porte est murée, le cachot ne s'ouvrira plus jamais !

Et le cortège s'éloigne en larmes, déplorant le serment brisé et la jeune existence à jamais perdue.

Mais la princesse Anto ne pleurait pas, car elle réfléchissait au moyen de sauver la princesse Silvia. Elle la sauverait, elle la sauverait à tout prix !

V

# HISTOIRE D'UN FEU RALLUMÉ

A journée passa, la nuit passa et l'on vit poindre l'aube couleur de rose. Les habitants d'Albe étaient très affairés parce que, ce jour-là, on devait procéder avec solennité au rallumage du feu. Ce n'était pas avec les moyens ordinaires — c'est-à-dire en frottant l'un contre l'autre des morceaux de bois ou des pierres — que l'on obtiendrait la flamme sacrée dans le temple de Vesta : non, elle devait venir directement du soleil et s'allumer au moyen d'un instrument spécial, fait de cuivre : un miroir magique en forme de cône, perforé au centre, resplendissant comme de l'or, fabriqué tout exprès, ne servant à aucun autre usage, et que les gardiennes du feu conservaient avec des soins jaloux parmi les objets de culte les plus sacrés.

Par une belle journée sans nuages, à heure fixe, on faisait tomber les rayons du soleil sur ce miroir : ces rayons, venus du soleil en ligne directe, concentrés sur le miroir magique, rallumaient le feu sacré.

La cérémonie fut célébrée solennellement. Les vestales et tout le peuple chantèrent en procession autour du temple, pleurant une dernière fois le feu éteint. Puis, l'heure étant venue, au milieu des invocations des prêtres et du peuple, les prêtresses tirèrent de sa cachette le miroir magique et l'exposèrent aux rayons du soleil.

Le peuple attendait, anxieux. Le feu se rallumerait-il ? Les dieux reviendraient-ils, cléments, protéger la ville d'Albe ? Le soleil rendrait-il de nouveau aux hommes une étincelle de sa force et de sa lumière, cadeau divin fait aux mortels pour illuminer ceux qui sont dans l'obscurité, réchauffer ceux qui ont froid et rallumer les foyers éteints ?

« Il s'est allumé, il s'est allumé ! »

Un frisson de joie parcourt la foule ; le dieu s'est apaisé ; le dieu accorde de nouveau ses dons ; la chaleur du soleil concentré sur le miroir a incendié les brindilles sèches préparées par des mains expertes, et la flamme s'élève.

« Il s'allume, étincelle, resplendit !

« Il accueille les offrandes, il dévore l'huile et l'encens !

« Rayonnant et prospère, il se dresse sur l'autel !

« Il nous éclaire de sa lumière, il resplendit et il réchauffe !

« Nous t'adorons, ô dieu invincible !

« Pardonne-nous nos fautes ! Nous t'avons laissé mourir ! mais à présent tu es ressuscité, tu brilles, tu vis au milieu de nous ! »

Des chants de joie s'élevaient dans le temple et tout autour : les vestales, les prêtres et le peuple, tous chantaient.

« Feu vivifiant, feu purifiant, feu bienfaisant, reviens briller parmi les hommes !

« Reviens illuminer nos maisons, réchauffer nos foyers, cuire nos aliments !

« Sans toi, nous avons froid, nous sommes comme des morts et notre vie est une désolation !

« Avec toi, don céleste des dieux, dieu vivant toi-même, tout se réjouit, tout s'éclaire et se réchauffe !

« Viens, feu bienfaisant, vivifiant, purifiant, vers nous ! Reviens briller parmi nous et ramène-nous la vie et la joie !

« Te voici revenu, te voici qui brilles de nouveau : la joie est sur terre, car les dieux ont accordé encore une fois leurs dons aux mortels ! »

Ainsi chantait le peuple, tressaillant de joie, se pressant en foule autour du temple circulaire, invoquant Jupiter le père [1] et Mars le guerrier, Vulcain le forgeron céleste et Vesta la gardienne du foyer domestique.

Ainsi chantaient les prêtresses, tandis qu'elles versaient de l'huile et de l'encens sur le feu. Et la flamme s'élevait, parfumée et resplendissante.

Mais la princesse Silvia n'entendait pas les chants et les hymnes d'allégresse. Murée dans son cachot, étendue sur sa couche, et presque évanouie, dans un silence de mort, elle attendait la mort.

Et voilà que, dans le silence de cette tombe, elle entendit un coup sourd qui semblait venir de loin.

Un autre coup, un autre, encore un autre : trois, quatre, cinq, plusieurs coups, faibles, sourds, résonnant contre la paroi, près du lit. La princesse Silvia crut d'abord que c'étaient des bruits d'un autre monde — de celui des morts. Mais les coups se répé-

---

1. Par son étymologie, qui remonte sans doute jusqu'à l'indo-européen, le nom même de Jupiter signifie « Père (*pater*) de la lumière du jour (*dies*) ». Jupiter, le maître des dieux, est donc aussi considéré comme le Père universel.

taient, toujours plus serrés et plus rapprochés : et la jeune femme, comme délivrée d'un atroce cauchemar, rassemblant toutes ses forces, bondit sur ses pieds.

« Qui est là, qui vient ? Que me veut-on, qui me cherche ? »

De l'autre côté du mur, une voix répondit, faible mais distincte :

« C'est moi, Anto. »

La pauvre princesse, plus morte que vive, écoutait comme en songe la voix amie et tant chérie.

« C'est moi, Anto. Je te délivre. Aie patience. Toute la ville est au temple pour l'invocation du feu. C'est moi. Sois tranquille, ne parle pas. Je viens te délivrer. »

Et ce fut ainsi que la princesse Silvia sortit de la tombe. Elle alla habiter une chambre perdue dans le palais, où personne n'entrait jamais, personne, sauf la princesse Anto, qui, chaque jour, lui apportait de la nourriture.

Les jours passèrent : et le prince Amulius remarquait l'humeur douce et sereine de sa fille, qui semblait presque heureuse.

Il voulut savoir pourquoi : il l'épia et la suivit, et il découvrit que la princesse Silvia n'était point morte, mais qu'elle vivait dans une chambre reculée du palais.

Et la princesse Anto dit au prince Amulius : « Oui, père, c'est moi, c'est moi seule qui ai sauvé la princesse Silvia ! À présent, elle est mienne ; personne ne peut me l'enlever ; si on me découvre, je serai condamnée à mort comme elle. Qui veut la tuer, me tue aussi, car je dirai à tous que c'est moi qui ai ouvert la porte du caveau et qui ai sauvé la vestale condamnée. C'est pourquoi, moi aussi, je serai condamnée à mort. »

35

Et le prince Amulius vit que sa fille était bien décidée ou à sauver sa cousine ou à mourir.

« Eh bien, soit ! » dit-il. « La princesse Silvia est tienne, mais son fils est à moi. Quand le fils de la princesse naîtra, tu me le remettras, car j'ai des droits de vie et de mort sur cet enfant. »

« Bien, mon père, il en sera ainsi », répondit la princesse Anto. Et elle reprit son chemin pour aller rejoindre la princesse Silvia qui l'attendait dans sa chambre.

Et beaucoup de jours passèrent encore. La ville était redevenue calme, le feu brûlait perpétuellement dans le temple de Vesta, et personne ne parlait plus de la princesse Silvia.

Ce ne fut pas un enfant qui naquit, mais deux ; et un homme vint les quérir de la part du prince Amulius, avec droit de vie ou de mort.

La princesse Silvia enveloppa ses deux bébés dans des langes souples et fins qu'elle avait filés et tissés pour eux, elle les déposa dans une corbeille d'osier, les embrassa longuement et les remit à l'homme qui était venu les prendre. Puis elle s'étendit sur son lit, tourna le visage vers la terre et resta immobile et muette, le cœur plein d'angoisse, pensant à ses fils qu'elle ne reverrait plus jamais.

# VI

# HISTOIRE DE DEUX ENFANTS NOUVEAU-NÉS

« LES voici », dit l'homme en présentant au prince Amulius une élégante corbeille d'osier, retenue par des liens de cuivre.

« Ils sont là ? Deux ? Deux enfants ? Je ne veux pas les voir, je ne veux pas les toucher. Emporte-les hors de la ville ; qu'ils meurent ce jour même, aujourd'hui, tu as compris ? Peu m'importe comment ni où : il me suffit d'être assuré de leur mort. Va, porte-les où bon te semble : bien loin, dans la forêt, là où il y a des loups affamés. Non, cela ne suffit pas ; tue-les toi-même, tout de suite, dans la forêt. Emporte-les, je te dis. Et quand tu reviendras en ma présence, ces deux enfants, comprends-moi bien, ne devront plus être au monde. »

L'homme qui portait la corbeille se trouvait être un des chasseurs les plus fidèles et les plus féroces du prince Amulius. Il avait tué d'innombrables loups et sangliers ; quant aux ennemis de son seigneur, sans pitié il les avait assommés. Mais quand il vit ces deux beaux bébés tout souriants, qui semblaient du fruit mûr dans leur corbeille d'osier, quand il les vit ainsi, faibles et sans défense, deux petites choses de rien du tout, qu'on pouvait faire mourir sans effort et sans lutte, alors le vieux chasseur hésita. Il ne pensait pas un instant à désobéir aux ordres du prince — il savait trop bien ce qui lui arriverait si le prince s'en apercevait ! Il prit le panier d'osier et sortit du palais. Il traversa la ville et alla errer par les bois, bien loin, là où l'on entendait hurler les loups. Les deux bébés, heureusement, dormaient tranquillement. Le chasseur ne déposa pas la corbeille dans la forêt, mais se dirigea à droite, du côté du fleuve. « Que dois-je en faire ? Que dois-je en faire ? » se demandait-il. Il arriva au Tibre, qui courait, clair et rapide.

Non loin du Tibre se trouvait une masure, habitée par un homme qui gardait les porcs du prince Amulius. Tout autour de la masure se vautraient une grande quantité de porcs, grands et petits : les truies, noires, grasses, la queue en tire-bouchon, menaient leurs bandes de petits porcelets roses aux endroits les plus sales et les plus bourbeux, attentives à surveiller les alentours et à défendre leur progéniture contre les dangers possibles.

Le chasseur marchait toujours, remontant le cours du fleuve et pensant à la corbeille cachée sous son manteau et aux enfants qui y dormaient aussi tranquillement que dans les bras de leur mère.

Tout à coup, il se redressa comme s'il s'éveillait d'un songe et levant la tête, regarda autour de lui. Sur un monticule, droite, détachée en noir sur le fond bleu du ciel, grande, les oreilles en pointe, les yeux luisants comme des charbons ardents, il vit une louve qui le regardait fixement.

38

« Voilà ce qui tuera les enfants. Sûrement, elle a des louveteaux à la maison, pour lesquels elle cherche de la nourriture. Je laisserai tout ici, et dans une heure les enfants seront bel et bien dévorés. Pauvres petits, que je les regrette ! Mais il me faut obéir aux ordres que j'ai reçus. »

Et le vieux chasseur déposa la corbeille parmi les ronces, sur la rive du fleuve, puis retourna en ville.

« Tout est accompli ? » demanda le prince.

« Tout est accompli, et pour le mieux. Donne-moi d'autres ordres, maintenant. Y a-t-il des loups, des ours, des sangliers, des ennemis à combattre ? Je les tuerai tous. »

Le prince Amulius fut satisfait, parce qu'il avait la certitude que les fils de la princesse Silvia étaient morts, bien morts. Jamais ils ne viendraient revendiquer leurs droits au trône du roi Numitor qui lui causait si peu d'ennuis et qui étudiait toujours !

Mais, pendant ce temps, il se passait une chose étrange dans les buissons, près du fleuve.

Tous les jours, une louve sortait de la forêt et s'approchait de l'eau. Elle passait devant la cabane du porcher, traversait la berge caillouteuse et restait tapie dans les buissons, toujours au même endroit. Elle restait là pendant un certain temps, puis reprenait le chemin du bois. Tous les jours elle venait, et même plus d'une fois par jour. Un pivert volait à côté de la louve et restait, lui aussi, dans les buissons, tout affairé, comme s'il avait là son nid.

Le porcher, Faustulus, vit passer la louve.

Il la vit une fois, puis deux, puis trois. Alors il parla à sa femme, Acca Larentia.

« Acca, tu ne sais pas ? Tous les jours, une louve sort de la forêt et va vers le fleuve. Elle a l'air tranquille et ne regarde même pas les porcelets, et elle court vite, comme si elle avait quelque chose d'important à faire. Elle reste quelques instants près de l'eau, un jour comme l'autre, puis s'en retourne à la forêt, tranquille et contente, comme quelqu'un qui a fait son devoir. Que peut-il y avoir de si intéressant pour elle, là-bas ? »

« Je ne l'ai pas vue, moi. Tu dois rêver », répondit la femme.

« Je n'ai pas rêvé, je l'ai vue, je l'ai vue de mes propres yeux. Trois fois elle est passée, toujours à la même heure. Allons voir demain : tu t'en convaincras. Je suis certain qu'elle viendra demain encore. »

Le jour d'après, Faustulus et sa femme se mirent ensemble aux aguets. Et ils virent, en effet, la louve sortir du bois, s'approcher du fleuve, toute sérieuse, comme quelqu'un qui n'a pas de temps à perdre. Puis elle s'arrêta et se tapit précisément au même endroit que le jour avant. Le pivert lui aussi volait autour du buisson, affairé, comme s'il avait là son nid. Après quelques instants, la louve s'en retourna, tranquille et contente, mais le pivert resta encore un moment parmi les buissons.

« Allons voir ce qu'il y a là ? » proposa Acca quand la louve fut retournée au bois.

« Oui, allons, allons ! » répondit Faustulus.

Ils y allèrent. Et parmi les buissons, ils aperçurent une corbeille d'osier aux liens de cuivre, et dans cette corbeille quelque chose qui bougeait, qui riait.

« Un bébé, deux bébés ! » s'exclama Faustulus. « Comme ils sont beaux, quelle bonne bête ! Que fait-on de ces enfants ? »

« Prenons-les avec nous », dit la femme. « Quoi ! Voilà une louve qui prend soin de ces deux petits êtres, et tu voudrais que nous ne nous en occupions pas ? On voit bien qu'ils sont protégés par un dieu ou une déesse. Regarde le pivert qui reste tout près et qui, lui aussi, a envie de faire quelque chose ! »

« Bien oui ! » répondit le mari d'Acca, en se grattant l'oreille. « Mais ce n'est pas facile ! Il faut les nourrir, ces enfants ! Et puis, si notre maître apprend que nous avons adopté un enfant, et même deux, que dira-t-il ? En voilà une affaire ! »

« Avant tout, le prince Amulius ne saura jamais que nous avons adopté deux enfants ! Penses-tu qu'un prince comme lui s'occupe de ce que font deux pauvres diables comme nous ? Et puis, s'il s'en aperçoit, nous lui dirons que ce sont les nôtres. Nous n'avons pas d'enfants, mais nous pourrions aussi bien en avoir ! »

« Et qui leur donnera à manger ? »

« La louve, tiens ! comme jusqu'à présent. Tu verras que si elle les trouve devant la cabane, quand elle passe, elle continuera à leur donner son lait. Elle y est attachée, à présent, à ces petits. Mais regarde donc comme ils sont beaux et forts et bien portants, — et pourtant ils ne doivent être âgés que de quelques jours ! »

Acca prit le panier, emporta les deux petits enfants à la maison et s'en occupa avec beaucoup d'amour. Quant à la nourriture, elle avait eu raison. La louve continuait à venir tous les jours, et au lieu d'aller à l'endroit habituel, près du fleuve, elle s'arrêtait près de la cabane, là où Acca, chaque jour, aux mêmes heures, déposait les enfants. Elle leur donnait son lait et eux la reconnaissaient, se réjouissaient en la voyant arriver et s'ébattaient avec elle comme deux jeunes louveteaux.

Le pivert, lui, voltigeait tout autour. Je ne saurais vous dire ce qu'il faisait, mais il est certain qu'il se croyait de la première importance. Il s'imaginait que, sans lui, les choses ne pouvaient marcher, et il se donnait de grands airs !

*Elle leur donnait son lait...*

Les enfants grandissaient entre le fleuve clair et les forêts sombres, toujours un peu sauvages, à cause du lait de louve qui les avait nourris. Ils grandissaient et devenaient si forts qu'ils l'emportaient sur tous les autres garçons.

« Romulus, on joue à qui court le plus vite ? »

Romulus et Rémus partaient comme deux flèches et en un éclair arrivaient au but. Tandis que le meilleur des autres coureurs arrivait toujours le troisième.

« Romulus, on joue à la guerre ? »

Romulus se coiffait d'un chapeau de général fait de feuilles, et Rémus se coiffait d'une couronne semblable. Arrivaient les fils des bergers voisins.

« Nous jouons aussi, nous jouons aussi ! »

« Bien, venez ici, sous mes ordres ! »

« Venez chez moi, je vous mènerai à la victoire ! »

Les uns allaient se mettre sous les ordres de Romulus, d'autres sous ceux de Rémus, selon les sympathies. Puis ils partaient à l'assaut d'un tas de bois mis de côté pour l'hiver ; Romulus défendait le tas qui représentait une ville. Entre les défenseurs et les assaillants, s'engageait une lutte acharnée, très émouvante ; parfois même, le gardien Faustulus et sa femme devaient intervenir parce que la guerre menaçait de devenir trop sérieuse.

Ou bien les autres garçons en appelaient au jugement de Romulus et de Rémus.

« Romulus, on m'a volé mon arc et mes flèches ! J'y avais travaillé plusieurs jours, ils étaient si beaux ! »

Romulus faisait une enquête. Comme il était très intelligent, il finissait toujours par découvrir le coupable. Quand il l'avait découvert, il organisait une expédition, punissait le coupable et rendait ses biens au volé.

De la sorte, ils s'étaient créé une certaine renommée ; ils étaient devenus comme deux petits rois parmi les bergers. Faustulus et son épouse, Acca Larentia, étaient très respectés à cause de ces deux enfants, et personne n'aurait osé leur faire le moindre tort.

« On a bien fait de recueillir les petits ! » disait Faustulus, le porcher, que l'on respectait comme un roi.

« Oui, on a joliment bien fait ! » disait sa femme Acca Larentia que l'on respectait comme une reine.

Entre-temps, les deux bébés de la corbeille d'osier, Romulus et Rémus, grandissaient de plus en plus et devenaient de beaux jeunes gens, toujours un peu sauvages, à cause du lait de la louve qui les avait nourris, mais robustes plus qu'aucun autre.

Désormais, ils ne pouvaient voir une injustice sans s'armer et prendre la défense de celui qui souffrait, même si personne ne le leur avait demandé. Si quelqu'un était attaqué à tort, Romulus et Rémus cherchaient à le savoir, attaquaient l'agresseur et l'obligeaient à réparer ses torts. De plus en plus on les considérait comme de petits rois parmi les bergers, de plus en plus il se trouvait des camarades prêts à leur obéir en tout, à les admirer et à faire ce qu'ils voulaient : non parce qu'ils y étaient obligés, mais parce qu'ils reconnaissaient leur supériorité.

Vint l'époque des Lupercales.

Les Lupercales étaient des fêtes étranges, sauvages, qui, en ces temps anciens, se célébraient chaque année. Pendant ces jours de fête, personne ne travaillait, n'accomplissait les travaux des champs, ne fendait du bois ou n'allait à la chasse, mais les jeunes pâtres et les paysans se réunissaient dans une immense caverne du mont Palatin, et tous ceux qui ne réussissaient pas à y entrer restaient entassés à l'entrée de la grotte. Les habitants des villes quittaient leurs maisons et se pressaient en foule dans les rues.

Dans l'immense caverne du mont Palatin, les prêtres sacrifiaient au dieu Pan [1] un gros chien et un bouc : au dieu Pan qui protégeait tout ce qui naît et ce qui vit sur terre, les agriculteurs dans leurs champs et les bûcherons dans les bois, qui remplissait les étangs de poissons, les prairies de fleurs, les plantes de fruits, qui faisait pousser et se multiplier toutes les choses vivantes, depuis les herbes les plus minuscules et les vers les plus infimes, jusqu'aux arbres gigantesques et aux générations humaines.

C'est pour cette raison qu'à l'occasion des Lupercales, les pâtres, les paysans, les chasseurs, les bûcherons et les citadins célébraient le dieu Pan et organisaient de grandes fêtes en son honneur.

C'était une fête quelque peu sauvage et frénétique, mais dans ces temps anciens on s'y amusait beaucoup.

Par cette belle matinée du quinze février, au ciel bleu et à l'air déjà tiède, Romulus et Rémus, vêtus de peaux de chèvre, s'acheminèrent donc vers le mont Palatin, afin d'entrer dans la caverne où se réunissaient les prêtres pour le sacrifice.

Il s'y trouvait déjà une grande foule de jeunes gens venus de tous côtés pour fêter le dieu Pan. Mais chacun fit place aux deux gaillards, et les frères se trouvèrent au premier rang, tout près de l'autel du dieu Pan.

Là se trouvaient le mâtin et le bouc, prêts pour le sacrifice.

---

1. Représenté comme un être hybride, mi-homme, mi-bouc, le dieu Pan (*Tout* en grec) est une divinité dont l'appétit sexuel débridé symbolise la fécondité de la nature sauvage, la puissance universelle de la vie.

Les prêtres les saisirent, les égorgèrent, les dépecèrent ; le cuir du bouc et du mâtin leur servit à faire d'innombrables lanières qu'ils distribuèrent aux plus jeunes prêtres et aux jeunes gens les plus forts. Et chacun, à peine muni de la sienne, se précipitait dehors en l'agitant à droite et à gauche, frappant tous ceux qu'il rencontrait sur son chemin. Et les gens ne prenaient pas la fuite devant les coups de fouet, ils souhaitaient au contraire être touchés par la peau sanguinolente qui portait bonheur, car celui que la lanière fouettait aurait cette année-là une bonne récolte et abondance de bétail ; abondance dans la maison et au-dehors, prospérité dans la famille et dans les affaires.

Cette fête ne ressemblait à aucune autre. Au milieu courait le cortège des fustigateurs, vêtus de peaux de chèvre, brandissant les courroies sanglantes ; de chaque côté, la foule se pressait, se serrait pour être touchée par la verge du dieu Pan. Tous voulaient une année d'abondance et priaient le dieu Pan de l'accorder à leurs demeures, à leurs champs, à leurs troupeaux.

Les deux jeunes gens, Romulus et Rémus, couraient avec les autres, frappant tant qu'ils pouvaient, à gauche et à droite. Et voilà qu'ils virent de loin plusieurs bergers, désespérés, éplorés, qui hurlaient et se lamentaient. On entendait leurs cris, on apercevait leurs gestes de prière et de menace. Romulus et Rémus s'arrêtèrent un instant, puis se détachèrent du cortège et coururent vers les bergers. Plusieurs autres abandonnèrent aussi le cortège et les suivirent.

Les bergers paraissaient meurtris et malmenés ; leurs vêtements étaient en lambeaux.

« Que vous est-il arrivé ? De quoi vous plaignez-vous ? Pourquoi pleurez-vous ? » demandèrent Romulus et Rémus.

« Regardez là-bas ! Ces brigands nous ont pris nos meilleurs chevreaux, nos plus beaux agneaux ! Pauvres de nous ! Que dira notre maître ? Malheureux que nous sommes ! Ils sont loin, ils se sont sauvés avec notre bien ! On ne les voit plus ! Pauvres de nous, pauvres de nous ! »

Au milieu de leurs lamentations, les bergers racontèrent que, tandis qu'ils s'en retournaient tranquillement chez eux, ils avaient été assaillis par huit ou dix coquins, bergers du roi Numitor ; ils avaient été battus, maltraités ! Ils n'avaient pas pensé qu'il pût leur arriver du mal et ils n'avaient rien pour se défendre ! Qui aurait imaginé que ces brigands auraient choisi tout juste ce jour-là pour commettre un semblable forfait ? Eux s'en retournaient de la Grotte Lupercale avec leurs brebis ; ils étaient des fidèles du dieu Pan, ils avaient tous été touchés par les peaux sacrées, ils étaient contents et heureux ! « Ah, pauvres de nous ! Pauvres malheureux que nous sommes ! Ils nous ont enlevé la fleur du troupeau ! Nous sommes ruinés ! Et notre maître, notre maître ! »

À la pensée du maître, les bergers recommencèrent à se lamenter, à hurler de plus belle.

« Qui est votre maître ? » demandèrent Romulus et Rémus.

« Notre maître, ô malheureux que nous sommes, notre maître est le prince Amulius, et si nous allons lui raconter que nous nous sommes laissé voler... Que fera-t-il de nous ? Ah ! que nous sommes donc malheureux ! »

Les bergers pleuraient et se démenaient, suppliaient, gémissaient, tandis que les autres, munis des bêtes volées, s'éloignaient de plus en plus.

« On va reprendre les agneaux et les chevreaux ? » dit Rémus à Romulus.

« Certainement ! Bientôt vous serez de nouveau en possession de vos bêtes », assura Romulus, en s'adressant aux bergers du prince Amulius.

Et, en avant ! À travers les bois, à travers les buissons épineux et les broussailles ! Après une course effrénée, ils rejoignirent enfin les voleurs. C'étaient en effet des pâtres du roi Numitor, qui, tout contents, se réjouissaient de leur bon tour et brandissaient leurs gros bâtons noueux. « Avons-nous été braves, hein ? » disaient-ils. « L'avons-nous fêté à notre façon, le jour du dieu Pan ! Combien ne leur en avons-nous pas donné ! Elle leur sera passée, l'envie de se venger ! Et quel butin ! Ils sont encore plus beaux qu'ils ne paraissaient ! Le dieu Pan nous a été clément et nos bons bâtons nous ont aidés, eux aussi ! »

Mais Romulus et Rémus ne permirent pas aux filous de se vanter plus longtemps. Ils se ruèrent sur eux, leur distribuèrent force coups de bâton et de fouet et reprirent le bétail volé, puis s'en retournèrent près des autres qui, anxieux, les attendaient.

Les bergers du prince Amulius entendirent les bêlements des chevreaux, qui s'approchaient et coururent au-devant de leurs sauveurs, heureux et rassurés.

« Que le dieu Pan vous protège et vous récompense ! »

Reprenant leurs bêtes, ils ne cessaient de les remercier. Et heureux et reconnaissants, ils se dirigèrent vers leurs cabanes, tandis que Romulus et Rémus s'en retournaient chez Faustulus et sa femme.

## VII

# HISTOIRE
# DE DEUX ENFANTS TROUVÉS
# QUI DEVIENNENT PRINCES

MAIS les méchants bergers du bon roi Numitor avaient juré de se venger. Ils se mirent aux aguets dans le bois, et un jour que Rémus passait avec quelques amis et sans son frère dans un endroit désert, ils l'assaillirent.

Ce fut une bagarre terrible, car Rémus et ses camarades se défendirent avec leurs bâtons, leurs mains, leurs pieds, leurs ongles et leurs dents, mais ils étaient peu nombreux et les autres étaient en nombre bien supérieur.

Rémus se battit comme un lionceau et mit hors de combat deux ou trois de ces coquins, mais à la fin il fut pris, jeté à terre et lié.

« À présent, qu'est-ce que nous en faisons ? » dit l'un.

« Est-ce qu'on l'assomme ? » proposa un autre.

« L'assommer ? Belle affaire ! Nous sommes sûrs de payer après de notre vie ! »

« Alors ? »

« Amenons-le au roi, qu'il le condamne à mort ! »

« Tu as raison, emmenons-le. Il vaut mieux que ce soit lui qui nous en débarrasse. Vite, allons-y ! »

Et les bergers conduisirent Rémus au roi, afin qu'il le jugeât.

Ils traversèrent la ville et s'approchèrent du palais royal. Les passants, en les apercevant, s'arrêtaient et demandaient quel était ce beau jeune homme. « C'est le fils d'un porcher au service du prince Amulius, un violent toujours prêt à chercher querelle, à se mettre au travers de tout et de chacun, un insolent ! » Ainsi répondaient les bergers du roi Numitor, tout en marchant, et les passants les suivaient et disaient : « S'il est insolent comme ils le disent, qu'il soit donc lié et qu'il soit puni comme il le faut ! »

Mais quelqu'un qui venait de la campagne reconnut Rémus et le défendit.

« Non, ce n'est pas un insolent ; je le connais bien, nous le connaissons tous ; c'est un très brave garçon, fort, oui. Mais il défend qui a raison et punit qui a tort. Il est dangereux de lui faire du mal, car il a beaucoup d'amis qui risqueraient leur vie pour lui ; si nous étions hors de la ville, il en sortirait de tous côtés, en tel nombre, qu'on ne pourrait les compter. » Il se forma ainsi deux partis, parce que Rémus, naturellement, se défendait et voulait raconter les choses telles qu'elles s'étaient passées ; les autres ne le laissaient pas parler et lui criait plus fort qu'eux. De la sorte, ils arrivèrent au palais royal, hurlant à qui mieux mieux.

« Mais qu'est-ce qui arrive ? » Le bon roi Numitor se montra et aperçut une foule tapageuse et, au

50

milieu d'elle, un beau jeune homme garrotté qui le regardait la tête haute.

« Ce garçon nous a offensés, blessés, volés. Rends-nous justice, ô roi, car nous sommes tes bergers. Regarde-nous, nous sommes couverts de blessures, et cet homme que tu vois ici, écorché, sanglant, a été battu par lui ; nous avons dû en laisser un autre à la maison parce qu'il ne peut bouger, tellement il est mal en point, et il en mourra. »

« C'est évident, vous m'assaillez traîtreusement, comme des lâches que vous êtes, et vous voudriez que je ne me défende pas ! N'écoute pas tes bergers, ô roi : tu es juste, mais eux sont des insolents et des voleurs. »

« Écoute, écoute donc comme il parle ! Heureusement tu es pris, et le roi rendra justice ! »

« Qui est ce jeune homme ? Comment s'appelle-t-il ? » demanda le roi Numitor.

« Il s'appelle Rémus, et est le fils du porcher Faustulus et de sa femme Acca Larentia. Il est violent et insolent, il cherche querelle à tout le monde et a tant d'amis de son côté, qu'il est très difficile de le prendre ; nous y sommes parvenus par miracle, mais à présent que nous l'avons amené ici devant toi, rends-nous justice ! »

« Vous dites que je suis violent et insolent parce que j'ai réussi à vous reprendre le bien que vous aviez volé, mais demande un peu à qui tu veux, dans nos campagnes, ô roi, et informe-toi qui je suis et qui sont ceux-là : un enfant pourra te le dire ! Oui, j'ai beaucoup d'amis, mais c'est parce que je fais du bien ; et vous, des amis, vous n'en avez certainement pas, car tout le monde sait que vous êtes des voleurs, des lâches ! »

Mais le roi Numitor ne répondit ni à Rémus ni à ses bergers. Il les fit tous entrer dans le palais royal et les laissa là, car il n'était roi que pour la forme, et celui qui commandait vraiment était le prince Amulius. Or, celui-ci se serait mis dans une grande colère s'il avait su qu'un de ses sujets avait été puni sans son consentement. Le roi Numitor n'aurait jamais eu le courage de faire une telle chose, qui, d'ailleurs, ne lui semblait pas juste.

Le roi Numitor se rendit donc chez le prince Amulius.

« Frère, mes bergers ont amené au palais un jeune homme, fils de ton gardien Faustulus et de sa femme Acca Larentia. Ils l'accusent de les avoir volés et blessés. Peux-tu permettre que l'un de tes sujets offense mes bergers sans être puni ? »

Le prince Amulius vit la foule tassée devant le palais royal et pensa : « Ce jeune homme doit en avoir fait de belles, et cela ne vaut pas la peine de se tracasser pour un pauvre diable comme celui-là. Un berger de plus ou de moins, je suis riche et puissant tout de même ; laissons, pour une fois, faire à mon frère ce que bon lui semble. »

Par conséquent, il lui dit :

« Numitor, n'es-tu pas roi d'Albe ? Fais-en ce que tu veux, de ce jeune homme. Moi, je n'ai pas envie de me mêler de cette histoire. Si cela te fait plaisir, livre-le à tes bergers, qu'ils l'assomment ! »

Le roi Numitor retourna vers les bergers. Il les trouva qui discutaient entre eux et qui criaient tellement fort, que l'on ne comprenait rien de ce qu'ils disaient. Ils étaient sûrs que le roi leur donnerait raison à eux parce qu'ils étaient ses sujets. Mais non ; le vieux roi regardait avec sympathie ce lionceau garrotté, qui le fixait comme quelqu'un qui a la conscience tranquille et qui est habitué à affronter le danger.

« Raconte-moi ce que tu as fait. Je veux le savoir par toi-même. »

Et le jeune garçon alors, les yeux plantés droit dans ceux du roi, raconta tout avec exactitude.

« Roi Numitor, c'est vrai, j'attaque et je frappe, mais toujours par amour de la justice et pour rétablir les torts que les bergers et les chasseurs de ce pays se font continuellement l'un à l'autre. Comment pourrais-tu être partout ? Si tu t'étais trouvé comme moi aux fêtes des Lupercales, tu aurais vu et entendu pleurer et se désespérer les bergers, dont ces hommes-ci avaient volé les meilleurs agneaux et chevreaux, et tu aurais trouvé juste que moi et mes camarades nous ayons essayé de reprendre leur larcin pour le rendre à ces malheureux. Quant à les battre, bien sûr que nous les avons battus, tes hommes ; comment faire autrement ? Et toi qui as la réputation d'être un sage, tu trouverais juste que je fusse puni parce que j'ai fait justice ? »

Le roi fut émerveillé du courage du jeune homme et de sa façon loyale de s'exprimer. Il ne parlait pas comme un grossier campagnard, mais comme quelqu'un qui se sentait son égal, qui avait conscience de la vérité et de la justice et était habitué à la vouloir pour soi et pour les autres. Et il lui dit :

« Mais toi, comment est-ce possible que tu sois le fils de Faustulus le porcher ? C'est impossible, non, certainement, tu ne l'es pas... Dis-moi qui est ton père, dis-moi comment s'appelle ta mère et où tu es né. »

Rémus répondit :

« Je ne sais pas qui je suis. Je sais qu'il y a un mystère autour de ma naissance et de celle de mon frère jumeau. Je sais que nous ne sommes point les enfants de Faustulus, bien que tout le monde nous considère comme tels. Je sais qu'à peine nés nous

53

avons été exposés afin de nous faire mourir, et nous ne sommes certainement pas de basse extraction. »

Tandis qu'il parlait, la tête haute, le regard ferme, le roi Numitor le fixait avec stupeur. Pourquoi ce jeune garçon ressemblait-il tant à un autre garçon, un autre qui était mort il y avait tant d'années, son fils, son fils bien-aimé ? Il observait ses traits, écoutait sa voix : les traits étaient les mêmes, la voix était la même, l'expression des yeux aussi était pareille, l'expression de quelqu'un qui ne veut jamais avoir peur de rien. Le roi Numitor regardait et son visage s'illuminait d'une tendresse infinie.

« Qu'est-ce qui se passe ? » se demandaient les bergers. « Il ne songe même pas à le punir. Il aurait mieux valu ne pas l'amener et à présent il vaudrait mieux ne pas nous trouver ici nous-mêmes. Qu'est-il, ce jeune homme ? Un grand seigneur, peut-être ! »

Ils n'osèrent plus parler et furent bien contents quand le roi Numitor les congédia en leur promettant de garder le jeune homme pour le traiter comme il le méritait.

Il l'interrogea encore, l'examinant de plus près, et son cœur fut empli d'un doux espoir, imprécis encore, qui lui paraissait absurde, mais auquel il ne pouvait se soustraire.

Cependant, les amis de Rémus, l'ayant vu passer, lié, entre les bergers, s'étaient réunis pour délibérer sur ce qu'ils avaient à faire.

Ils allèrent avertir Romulus et Faustulus.

« Que faut-il faire ? On me l'a assuré, que c'était Rémus lui-même que l'on avait lié ainsi ! »

« Bien sûr que c'était lui, je l'ai vu moi-même. »

« Pourquoi ? Qu'est-ce qu'il a fait ? »

« C'étaient les bergers du roi Numitor ! »

« Mais non, c'étaient les gardes du prince Amulius ! »

« Jamais de la vie ! C'est le prince qui a dit de l'assommer ! »

« Il n'a pas voulu entendre raison. Et tout cela à cause de ces chevreaux des Lupercales ! »

« Si nous ne nous dépêchons pas, nous le trouverons mort ! »

« Dépêchons-nous, allons, allons, vite, vite ! »

Mais, tandis que les jeunes gens s'agitaient, Faustulus avait pris sa décision. Sous son bras, il mit la petite corbeille d'osier dans laquelle il avait, en ce jour fameux, trouvé les enfants sur la rive du fleuve, il la couvrit de son manteau et se mit à courir vers la ville aussi vite que ses vieilles jambes le lui permettaient. Il la traversa et arriva au palais royal.

« Qui es-tu ? Que veux-tu ? On n'entre pas, on ne passe pas ! »

« Comment, on n'entre pas ; comment, on ne passe pas ! C'est un beau service que tu rends au roi, toi, en m'empêchant de passer ! Dis-lui qu'il y a un homme ici qui a à lui dire une chose des plus importantes. Tu ne peux même pas te l'imaginer, toi, combien elle est importante. Laisse-moi passer, te dis-je ! Bien t'en prendra : il est possible que tu reçoives une récompense. »

Le soldat de garde resta perplexe en entendant ces paroles. Et puis la foule commençait à gronder, et ceux qui reconnaissaient Faustulus disaient :

« Bien sûr qu'il doit passer ! »

« C'est son père, lui ! »

« Il faut que le roi le voie ! »

C'est pourquoi le soldat de garde appela un de ses camarades et lui dit : « Tu vois cet homme ? Conduis-le chez le roi. Mais ne le quitte pas des yeux, tu en es responsable. »

« Entendu. Je m'en charge. Sois tranquille. »

Et le soldat conduisit immédiatement Faustulus dans la salle du roi.

« Roi Numitor, mieux que personne je peux t'éclairer au sujet de ce jeune homme, et je crois que tu seras content de ce que je te dirai. »

« Ne me cache rien de ce que tu sais, parle, parle, mon brave homme, lui dit le roi. Qui es-tu ? »

« Je suis Faustulus, gardeur de porcs, et j'habite une cabane non loin du Tibre. Voici : il y a très longtemps, tandis que je gardais mes bêtes près de la maison, je vois passer une louve. C'était au temps qu'on avait entendu raconter que quelque chose était arrivé ici au palais. Je sais bien, on est de pauvres ignorants, nous autres, on n'y comprend pas grand-chose, mais, en somme, on racontait qu'ici, au palais, était né un enfant, ou même deux, à ce que disaient les chasseurs entre eux ; et qu'on les avait exposés, je ne sais pour quelle raison... Bref, je ne sais rien, mais les choses que je te raconte se sont passées en ce temps-là. Où en étais-je ? Ah oui, j'avais vu passer une louve. Elle allait vers le fleuve, s'arrêtait quelques instants et revenait sur ses pas. Les façons de cette louve étaient tellement étranges, que je n'en avais jamais vu de pareille. J'en parle à ma femme et il nous vient l'envie de savoir la raison — il fallait bien une raison — pour laquelle la louve allait tous les jours là-bas, comme si elle y avait ses petits. Et, à la vérité, elle les y avait : c'étaient ce garçon que tu vois ici et son frère, beau et fort comme lui, tous deux bien disposés dans une élégante corbeille et enveloppés dans des langes de grande richesse. »

Faustulus ouvrit son manteau et montra au roi le petit berceau d'osier ; il s'y trouvait encore les langes de toile et les fines couches de mousseline que la princesse Silvia avait filés et tissés pour ses bébés.

« Je trouve ce berceau et, dedans, deux beaux bébés alertes, vifs, qui rient et agitent leurs menottes comme pour me saluer. Je dis à ma femme : ''Si une louve a eu pitié de ces deux petiots, devons-nous être plus cruels qu'elle ?'' Nous portons donc la corbeille à la maison, ma femme prend soin des enfants et voilà que tous les jours, aux mêmes heures, la louve arrive ! Nous mettions les enfants dehors afin de ne pas l'effrayer, mais après quelques jours elle serait même entrée dans la maison, tant elle s'était apprivoisée. Nous avons donc gardé les enfants, j'ai conservé le berceau et les langes en gage de sécurité, et quelqu'un ici, au palais, pourra peut-être les reconnaître ! »

Le roi Numitor ne cessait de regarder le berceau et tout coïncidait : le lieu, l'époque, les manières et surtout la grande ressemblance entre le jeune homme et son propre fils, le petit prince qui avait été tué à l'effroyable chasse.

« Toi, Rémus, mon petit-fils, fils de ma fille ! » Et le vieux roi embrassa en pleurant le jeune berger.

Mais pendant ce temps, devant le palais royal, que se passait-il ?

La foule grossissait, menaçante. Qui menaçait-elle ? Rémus voulut le savoir.

« Ne crains rien, dit-il à son grand-père, je suis ici. Je saurai bien te défendre. Ce sont pour sûr mes amis. »

C'étaient en effet ses camarades. Ils venaient en masse de la campagne, mais en groupes bien ordonnés, comme Romulus l'avait voulu. Romulus avait dit : « Si nous nous présentons en ordre, en groupes, chaque groupe conduit par son chef, notre force sera immense et nous obtiendrons tout ce que nous voulons ; mais si nous agissons en désordre et avec confusion, nous perdrons bientôt contact entre nous et notre force en sera réduite à rien. » Les amis de Romulus venaient donc en bon ordre, comme pour une revue ; et chaque groupe était guidé par un chef qui, en signe de ralliement, portait une touffe d'herbe et de feuilles au bout d'un bâton.

Rémus les reconnut. C'étaient ses amis, et certainement conduits par son frère, qui le cherchait. Puis il vit Romulus : c'était lui qui conduisait ces groupes de jeunes gens venus de tous côtés pour le délivrer. Et à ceux de la campagne venaient s'ajouter les habitants d'Albe. Car personne ne savait le motif de cette marche disciplinée vers le palais royal, mais tout le monde détestait le prince Amulius, et il s'était répandu le bruit, on ne savait comment, qu'on allait le chasser. Cette rumeur sembla une étincelle tombant au milieu d'un tas de matière inflammable : les habitants arrivaient en groupes, comme s'ils en avaient reçu l'ordre et se trouvaient tout de suite prêts, unis, d'accord à vouloir une seule et unique chose : chasser le prince, s'en débarrasser une bonne fois, et pour toujours ! On disait des choses vraies et fausses sur le compte d'Amulius : qu'il avait ordonné la mort de Rémus, qu'il était un usurpateur, qu'il voulait régner et qu'il n'en avait pas le droit, qu'il commettait beaucoup d'injustices et crimes après crimes ! Point de méfait, si atroce qu'il fût, survenu à Albe ces dernières années, qui ne lui fût attribué. À présent, cela suffisait : non, on ne le voulait plus, cet odieux tyran ! Le moment était venu, enfin, de s'en libérer ! Rémus ouvrit les portes du palais ; Romulus y entra avec ses hommes et l'envahit.

Cependant, dans le palais, les nouvelles les plus étranges et les plus invraisemblables s'étaient répandues.

« Ce jeune homme arrêté prétend être un prince ! »
« C'est un prince, on l'a reconnu ! »

« C'est le petit-fils du roi ! »

« Le prince Amulius veut le tuer ! »

« Le roi Numitor le défend ! C'est son petit-fils ! »

« C'est le fils de la princesse Silvia ! Celle qu'on ne voit jamais, qu'on dit être si bonne ! »

« Assurément, c'est un beau garçon qui n'a pas l'air d'un paysan. »

« Un paysan ? Il faut les voir, lui et son frère, comme ils commandent, et tous obéissent ! »

« Et cela ne date pas d'aujourd'hui : il y a longtemps qu'il en est ainsi ! »

Les voix arrivèrent jusqu'au prince Amulius avec les rumeurs de la foule ; il prit ses armes et fit appeler ses guerriers les plus fidèles. Mais où se trouvaient ses guerriers fidèles ? Le prince avait commis trop de cruautés, il avait offensé trop de gens pour avoir des amis dans les jours de malheur ! Dans le palais et au-dehors, paysans et citadins acclamaient le prince Romulus et le prince Rémus : tous réclamaient le vieux roi Numitor, qui était un peu faible, mais qui savait gouverner avec bonté et justice.

Le prince Amulius se trouva entouré d'une foule d'hommes qui le haïssaient et qui voulaient sa mort. Et il fut tué par ceux qu'il avait offensés, piétinés, tyrannisés.

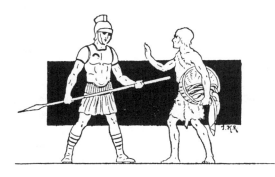

## VIII

# HISTOIRE DE DOUZE VAUTOURS ET DE LA VILLE CARRÉE

E la chambre où elle se tenait toujours enfermée et mélancolique, la princesse Silvia entendit un grand vacarme. Mais n'y avait-il pas continuellement des émeutes en ville ? Presque tous les habitants détestaient le prince Amulius et auraient voulu voir régner le vrai roi, Numitor. C'est pourquoi la cité n'était jamais tranquille, mais toujours pleine de luttes et de discordes ; les habitants en venaient même souvent aux mains entre eux. « Ce sera comme toujours, pensa la princesse, et quand mon oncle aura fait mettre en prison ceux qui ont eu le courage de protester, tout redeviendra calme. »

Mais cette fois, le tumulte ne s'apaisa pas comme d'habitude : le tapage augmenta, les gens pénétrèrent dans le palais, quelqu'un même s'approcha de la chambre... Qui venait, que se passait-il ? Deux superbes jeunes gens paraissaient devant elle et, la saluant respectueusement, lui disaient : « Princesse Silvia, tu es notre mère. Bénis-nous, ô mère ! et embrasse tes fils ! »

La princesse Silvia, du coin de la pièce où elle s'était blottie, bondit et regarda les deux jeunes gens qui ressemblaient tant à son frère, ce frère mort alors qu'elle était fillette et qu'elle avait tant pleuré. Elle les regarda, comprit que c'étaient ses fils sauvés par miracle, par la volonté divine. Elle les bénit, les baisa et s'unit à eux pour remercier les dieux du ciel qui les avaient sauvés et ramenés à elle.

Mais les fils de la princesse Silvia ne voulurent point rester à Albe avec leur grand-père Numitor et leur mère. Ils avaient grandi libres, ils savaient commander, ils avaient beaucoup d'amis qui n'étaient point citoyens d'Albe, et ils voulaient fonder une cité nouvelle. Le roi Numitor aurait voulu qu'ils régnassent à sa place, mais Romulus et Rémus répondirent : « Tu es le roi d'Albe et tu dois rester roi. Nous sommes jeunes. Comme les abeilles, nous formerons un nouvel essaim et nous irons fonder une nouvelle cité. »

Et ils formèrent, comme les abeilles, un nouvel essaim. Accompagnés de leurs camarades, ils allèrent sur la rive du Tibre, en pleine campagne, à l'endroit même où, étant tout petits, ils avaient été livrés en pâture aux bêtes sauvages et où ils avaient été sauvés par la louve et par Faustulus [1].

À cet endroit, sur la rive du Tibre, ils élevèrent des maisons, et dans ces maisons ils accueillirent tous ceux qui voulaient se joindre à eux pour vivre avec eux

---

1. Selon la tradition légendaire rapportée par Tite-Live (voir, ci-après : « Pour en savoir plus », dans le cahier « Entracte »), cet endroit se trouverait au pied du mont Palatin, marqué par un figuier appelé « Ruminal », devenu arbre sacré après la fondation de Rome (voir chapitre X).

« *Princesse Silvia, tu es notre mère.* »

la vie nouvelle de l'État naissant. Mais cet État n'avait pas de nom encore, et il commençait déjà à présenter une vie intense.

Le prince Romulus et ses compagnons tracèrent quatre sillons qui formaient ensemble un carré, et ils l'appelèrent la Ville carrée [1].

« Ce carré sera le centre de la cité nouvelle, dit le prince Romulus à Rémus : c'est ici que se tiendront les défenseurs en armes et les sentinelles. »

« Il n'est pas possible que ce carré soit le centre, répondit le prince Rémus. La position en est absolument mauvaise : une forteresse ne peut se trouver ici. Rappelle-toi ce que font les Étrusques, qui s'y connaissent dans l'art de construire des villes : leurs forteresses s'élèvent toujours sur la cime des collines, là où l'on peut dominer le terrain environnant et apercevoir de loin l'approche de l'ennemi et le côté d'où il vient. Une forteresse ici, en contrebas, ne pourrait résister aux attaques. Je connais un endroit excellent que j'ai bien étudié et qui offre tous les avantages : c'est le sommet du mont Aventin, position forte, très difficile à attaquer et qui domine parfaitement tout le terrain à l'entour. »

« Si nous édifions la ville sur le sommet de l'Aventin, nous serons trop loin du fleuve, et tu sais combien le voisinage de l'eau est nécessaire à la vie des hommes », répondit le prince Romulus.

Mais Rémus ne se laissait pas convaincre, Romulus non plus, et les deux frères travaillaient un peu par-ci, un peu par-là, chacun selon son idée.

« Il faut absolument se mettre d'accord, dit un jour le prince Romulus. En continuant ainsi, nous gaspillons nos forces. Et puisque moi je choisirais plutôt

---

1. La première enceinte de la future Rome, appelée *Roma quadrata*, « Rome carrée ».

la rive du fleuve, parce qu'elle me semble convenir à la prospérité de la ville, et que toi, par contre, tu préfères le sommet de la colline selon le mode étrusque, faisons comme eux dans les circonstances incertaines, consultons les divinités et tenons-nous-en aux présages. Toi, Rémus, assieds-toi sur ce rocher et tourne-toi vers l'Aventin ; moi, je me mettrai sur cette pierre du côté du Tibre. Observons le ciel : celui de nous deux qui, pendant une durée établie d'avance, aura vu passer le plus grand nombre de vautours aura gagné ; de par la volonté des dieux, nous ferons ce qu'ils auront commandé. »

« D'accord, repartit le prince Rémus, faisons-en la preuve immédiatement. » Et il escalada la grande roche blanche qui s'élevait au milieu des buissons épineux et regarda en l'air, du côté de l'Aventin.

C'était l'heure du coucher du soleil ; l'astre descendait vers le bois et allait sous peu disparaître derrière les arbres.

« Jusqu'à la disparition du soleil », dit Romulus.

« Parfait », répondit Rémus. « Vous autres, Marcus et Faustinus, restez en observation et avertissez-nous quand on ne verra plus le soleil. »

« Et vous aussi, Sixte et Caius ! » dit Romulus, se plantant au milieu des cailloux et des buissons près du Tibre, à l'endroit précis où le porcher Faustulus avait trouvé la corbeille d'osier et où la louve était venue donner son lait aux deux petits abandonnés. Là, au milieu de ce carré de sillons qu'il avait commencé de tracer avec ses camarades, le prince Romulus se plaça et il attendit, scrutant l'air de son regard.

« Un ! » dit le prince Rémus, regardant vers l'Aventin.

« Un ! » répétèrent les camarades du prince Rémus, hurlant de toutes leurs forces pour se faire entendre.

« Un, deux, trois ! » cria le prince Romulus, du côté du fleuve.

« Deux, trois, quatre ! » arrivèrent les voix de l'Aventin.

« Quatre, cinq ! »

Rémus arriva à neuf, Romulus à huit.

« Le soleil a disparu », annoncèrent les compagnons qui se trouvaient en observation.

Et au même instant Romulus criait : « Neuf, dix, onze, douze ! J'ai gagné, j'en ai vu passer douze ! »

« Allons donc, douze ! Jure-le, si tu peux ! »

« Je le jure par tous les dieux, que j'ai vu passer douze vautours ! » affirma le prince Romulus.

« Mais tu les as vus après ! Le soleil était déjà couché ! »

« Je les ai vus, je les ai vus, je les ai vus ! »

« Tu ne dis pas la vérité ! Le délai était passé ! »

« Le délai, le délai ! Non, le délai n'était pas passé ! Et d'ailleurs, sais-tu ce que je ferai, moi ? Ma ville carrée, je la construirai où il me plaira ; quant à la tienne, maçonne-la où tu veux, entêté que tu es ! Si tu veux m'aider, aide-moi ; si tu ne veux pas, tant mieux, je travaillerai tout seul, tout seul, tout seul ! »

Le prince Romulus parlait de la sorte parce qu'il savait fort bien que ses partisans étaient beaucoup plus nombreux que ceux de son frère ; et, sans plus faire attention aux paroles du prince Rémus, il se mit à agrandir, avec ses camarades, l'excavation du fossé pour les fondations des murs.

« Qu'elle est grande, cette ville que tu veux fonder ! Est-ce une ville, ça ? Voyez un peu, moi, je l'aurais prise plutôt pour un jouet, comme ceux que fabriquent les enfants avec du sable en jouant au bord de la mer, et par-dessus lesquels tout le monde saute ! La voilà, ta ville carrée ! Un saut, et l'on en sort !

Un saut, et l'on y entre ! Venez voir, venez voir la grande ville du prince Romulus ! »

Et, se moquant, raillant ainsi, le prince Rémus et ses compagnons sautaient de-ci, de-là, au travers du fossé qui marquait les fondations de la Ville carrée. Mais les hommes qui creusaient à coups de bêche et de pioche commencèrent à se fâcher.

« Laissez-nous en paix, laissez-nous travailler ! »

« Nous ne vous laissons pas travailler ? Au contraire, nous vous aidons ! Voyez comme votre travail est important ! »

Et le prince Rémus et ses compagnons sautaient et ressautaient par-dessus le petit fossé qui était — mais eux ne le savaient point — le commencement d'une grande ville, qui devait durer des siècles.

Les travailleurs, alors, se mirent en colère, et une bagarre terrible s'engagea. Des injures, on passa vite aux menaces et aux coups de bêches et de pioches.

Finie l'amitié, finie la fraternité, plus rien que haine et rage atroces. Les bêches et les pioches se mirent à s'abattre sur ceux qui sautaient et se moquaient. Ces hommes perdirent comme la lumière de leurs yeux. Ils s'assaillirent férocement, se jetèrent à terre, l'un sur l'autre, pour se battre et se venger, jusqu'au moment où deux, trois d'entre eux tombèrent dans le fossé d'où devaient surgir les murs de la ville. Il y eut des blessés, il y eut des morts. Parmi les morts, le prince Rémus, frère de Romulus.

## IX

# HISTOIRE DE DEUX ESCLAVES ET D'UN DÉBITEUR

Il y a plus de mille et même plus de deux mille ans, par une aube limpide de printemps, deux garçons cheminaient à travers les bois et les plaines, dans une campagne sauvage qui était toute une fête de verdure et de fleurs, de chants et de vols d'oiseaux. Mais les deux garçons ne regardaient ni les fleurs ni la verdure et n'entendaient pas les chants : ils marchaient comme des personnes fatiguées et malades ; l'aîné soutenait l'autre, presque encore enfant, si pâle, si maigre et misérable, qu'il faisait peine à voir. Il paraissait avoir très mal à une jambe, à en juger par la façon dont il la traînait ; et de temps à autre, il gémissait faiblement.

« Servius, laisse-moi ici ; qui sait le chemin que nous devons faire encore avant d'arriver, et je n'en peux plus, je n'en peux vraiment plus ! »

« Non, je ne t'abandonne pas, même si je devais être repris avec toi et fouetté à mort ! Courage,

Plistinius, nous ne devons plus être bien loin ; et si nous arrivons, pense donc, nous serons sauvés définitivement ! Regarde, voilà une femme qui vient par ici, questionnons-la. »

Une femme, en effet, arrivait à leur rencontre. Elle portait un panier, et un petit enfant, à ses côtés, s'accrochait à sa robe. Elle s'arrêta, regardant le garçon avec pitié.

« En quel état il est ! » s'exclama-t-elle, et, reprenant : « Qu'as-tu ? Où vas-tu ? Tu viens de loin ? Et pourquoi ne te reposes-tu pas un peu et restes-tu debout, malade comme tu l'es ? » demanda la femme, compatissante.

« Peux-tu nous dire si nous sommes sur la bonne route, et combien de temps nous devons marcher encore avant d'arriver à la Ville carrée, au lieu sacré du dieu des Asiles ? » demanda l'aîné des garçons.

« Ce n'est pas loin, répondit la femme. Avant que le soleil atteigne le sommet du ciel, vous pouvez y arriver. Mais comment oses-tu faire encore marcher ce petit ? Ne vois-tu pas qu'il n'en peut plus ? Il est pâle comme un moribond et est tout couvert de plaies et de meurtrissures. Il va tomber en chemin si tu le forces encore à marcher. »

« Je le porterai dans mes bras », dit celui que le petit avait appelé Servius. « J'ai trop hâte d'être arrivé. »

« Je comprends, tu as raison », reprit la femme. « Mais arrêtez-vous un instant, reposez-vous un peu. Ma cabane est toute proche, je peux vous donner du lait de brebis tout frais et mettre sur les plaies un peu d'un suc d'herbes que je connais et qui fait du bien. »

« Laisse-moi, Servius », implora le petit.

« Oh, frère, je ne te laisse pas, je ne t'abandonne pas », répondit l'aîné. « Et s'ils te reprennent ! »

Le petit frissonna.

« Mais non, ils ne vous trouveront pas », dit la femme. « Nous sommes ici sur le terrain des affranchis, et d'ailleurs personne ne se risque chez moi, parce que j'ai un chien… Vous êtes esclaves, n'est-ce pas ? Et vous allez au Lieu Sacré du prince Romulus, où celui qui arrive esclave est affranchi et personne ne peut plus le réclamer ? »

« Tu l'as dit : nous allons au lieu sacré du dieu des Asiles », répondit Servius.

« Et vous êtes des esclaves ? Vous avez fui un maître cruel qui vous battait à sang et à mort ? Je le vois. Vous faites bien de vous mettre sous la protection du prince Romulus : il est grand et fort ! Moi aussi j'étais esclave comme vous, et je sais ce que cela veut dire. Battue, fouettée, traitée comme un chien. Je l'aurais encore supporté pour moi-même, mais le pire était pour ce pauvre petit ! J'ai pris la fuite pour ne pas le voir mourir, et à présent je vis heureuse avec lui et mon mari. Le prince Romulus sait défendre ceux qui se mettent sous sa protection : celui qui est allé jusqu'à sa ville et y a touché l'autel du dieu des Asiles est sauvé et peut être rassuré et tranquille. »

« C'est pourquoi je veux y arriver », répondit l'aîné des frères. « Si le maître nous attrape ici, il peut encore nous reprendre ; il a sur nous droit de vie et de mort, il est terrible, lui ! Non, mieux vaudrait mourir en route. Courage, Plistinius. Je peux encore te porter. Nous arriverons, tu verras ! »

Tandis qu'ils parlaient et que le petit s'était laissé tomber à terre, exténué, ils entendirent des pas d'homme qui s'approchaient rapidement, comme si l'on poursuivait quelqu'un ou comme si l'on était poursuivi.

« Par Jupiter, on nous cherche ! » dit le frère aîné. « On nous cherche, on nous a trouvés ! » ajouta-t-il, tremblant d'épouvante.

Un homme, en effet, s'approchait d'eux en hâte, comme s'il était poursuivi, ou comme s'il poursuivait quelqu'un.

« Par Jupiter ! C'est un ami du maître ! » s'exclama le garçon, atterré. « Cachons-nous. »

Il n'était plus temps. L'homme s'était rapproché et les avait reconnus. Mais était-il seul ? N'y avait-il personne d'autre derrière lui ? Le pauvre Servius tremblait de peur et n'osait pas faire le moindre mouvement. L'homme s'arrêta net.

« N'es-tu pas des esclaves de Tullius Claudius, n'es-tu pas son portier ? » dit l'homme. « Mais oui, c'est bien toi, je te reconnais : je t'ai vu tant de fois ouvrir et fermer la porte de ton maître, et ces derniers jours tu étais même enchaîné. Comment as-tu fait pour t'échapper ? Où vas-tu ? Vas-tu au lieu sacré du dieu des Asiles ? Allons ensemble : moi aussi j'y vais. »

« Toi, Publius Sulpicius, mais n'es-tu pas un homme libre ? Pourquoi fuis-tu ? Pourquoi es-tu venu jusqu'ici ? »

« Mon cher, libre je ne l'étais plus, et c'est pourquoi j'ai fui. J'ai fait des dettes, beaucoup de dettes, et je ne savais plus comment rendre à ton maître la plus petite partie de ce qu'il m'a prêté ; je ne possède plus que ma propre peau, et j'aurais dû la vendre, elle aussi. Alors j'ai pensé : être esclave, jamais ! Avoir Tullius Claudius pour maître, ah non ! Et j'ai fui pour garder ma liberté. »

« Tu as bien fait. C'est une chose horrible que d'être esclave, et plus horrible encore d'être esclave de Tullius Claudius. »

« Mais, qui est ici avec toi ? »

« C'est mon frère. Un pauvre petit qui n'arrivait jamais à faire tout l'ouvrage que le maître exigeait de lui : beaucoup de travail, beaucoup de coups et peu de nourriture, voilà ce que notre maître donne à ses esclaves. Et que peut-on exiger de ce pauvre bambin ? Il ne manque pas de bonne volonté, pauvre petit, mais il ne pouvait pas, il n'était pas capable de travailler. Hier encore, ils lui ont donné vingt coups de fouet, voilà dans quel état il se trouve. Alors, j'ai pensé : mort ou vif, mieux vaut risquer la fuite. Le maître, tu le sais, avait des amis hier soir à dîner : ils se sont tous enivrés ; on a oublié de m'enchaîner ; alors j'ai pris mon frère et nous nous sommes échappés. Risque terrible, n'est-ce pas ? et encore maintenant, je ne me sens point rassuré. Je veux arriver à l'asile. Là seulement, je commencerai à respirer et à ne plus avoir devant les yeux le fantôme du maître. Que Jupiter le conserve dans son ivresse encore un bon moment ! Mais Plistinius n'en peut plus, et je l'ai tant porté, que je n'en peux plus moi-même. »

« Laisse-moi ici, Servius » dit la voix faible du petit, du sol où il était étendu. « Sauve-toi et laisse-moi. »

« Veux-tu que je t'aide ? » dit le nouveau venu, attendri. « Je peux le porter un peu sur mes épaules, puisque nous faisons la même route. À deux, c'est plus facile. »

La femme, pendant ce temps, avait apporté du lait dans une tasse et en avait donné quelques gorgées au petit Plistinius, qui, couché par terre, avait l'air d'un mort.

« Quand vous aurez été à l'autel du dieu des Asiles et que le prince Romulus vous aura pris sous sa protection, revenez ici et amenez-moi le petit. Je le soignerai jusqu'à ce qu'il soit guéri et je lui donnerai tant à manger qu'il n'aura plus l'air d'un squelette comme à présent. Adieu », ajouta-t-elle, voyant que le nouveau venu avait mis Plistinius sur ses épaules et se disposait à reprendre le chemin. « Adieu ! Que Mercure [1] vous accompagne et vous fasse arriver sains et saufs ! »

Tous deux marchèrent encore longtemps, portant le petit à tour de rôle et s'encourageant réciproquement.

Et voilà qu'ils aperçurent de loin des bâtisses en construction, des maisons qui blanchissaient çà et là.

« Nous y sommes », dit le débiteur.

« Nous y sommes », dit l'esclave. « Jupiter et vous, divinités du ciel et de la terre, dieux des esclaves et des hommes libres, je vous loue et vous exalte, et je vous supplie de nous protéger ! »

Publius Sulpicius, le débiteur, lui aussi remercia les divinités du ciel et de la terre, les loua et les exalta, les suppliant de continuer à le protéger, lui misérable mortel.

Ils étaient arrivés, en effet. Le prince Romulus, afin d'augmenter le nombre des citoyens dans la ville qui allait naître, avait fait savoir aux peuples voisins qu'ils trouveraient dans ses murs un asile sûr. Tous ceux qui auraient mis le pied sur le lieu sacré du dieu des Asiles seraient déclarés libres s'ils avaient été esclaves et seraient pardonnés de toutes leurs fautes s'ils étaient libres. Personne ne pouvait plus les toucher ; et celui qui aurait tenté de reprendre sur eux ses anciens droits aurait été puni par les habitants de la nouvelle ville.

Publius Sulpicius, le débiteur, et Servius, l'esclave, portant l'enfant Plistinius sur les épaules, arrivèrent

---

1. Dieu protecteur des carrefours et des voyageurs.

au lieu du dieu des Asiles quand le soleil avait déjà atteint le sommet du ciel.

Mais, par cette matinée de printemps, les maisons autour de l'asile se trouvaient être presque désertes ; seules quelques femmes se tenaient par-ci par-là, et un seul prêtre se trouvait sur le seuil de la grotte consacrée au dieu.

« Que fera maintenant le prince Romulus ? Continuera-t-il le fossé de la Ville carrée ou bien ira-t-il ailleurs ? » demandait une femme à une de ses compagnes.

« Moi, je dis qu'il continuera ici », répondit celle-ci.

« Moi, je dis que non, qu'il ne continuera pas », riposta une autre.

« Ici, désormais tout est commencé, et tout serait à refaire autre part ! »

« Du reste, Célérius, celui qui, dit-on, a tué le prince Rémus, a pris la fuite vers son pays. »

« Eh, on en dit tant ! On dit aussi — mais ne le répétez pas, je vous en supplie — on dit aussi que c'est lui-même, le prince Romulus, qui a tué son frère ! »

« Ah, oui ? Était-ce lui ? Alors, pourquoi a-t-il ordonné tant de cérémonies funèbres ? »

« Parce qu'il en faut ! On dit aussi — mais je vous en prie, ne le répétez pas — c'est mon mari lui-même qui me l'a raconté, il travaillait avec les autres dans le fossé et il se trouvait dans la bagarre — on raconte aussi que le prince Romulus aurait dit : ''Ainsi périsse quiconque osera jamais offenser Rome !'' »

« Rome ? Elle s'appelle Rome, la nouvelle ville ? »

« Il paraît ! Mais est-ce vrai ? Qui le sait ? Oh ! Regarde donc, ce pauvre garçon, là par terre ! Serait-il mort ? Allons voir ! »

Servius et Publius Sulpicius avaient déposé l'enfant sur le pavé, à côté de l'entrée de la grotte, et Plistinius paraissait vraiment mort, tant il était pâle et exténué. Les femmes s'approchèrent.

« Il n'est pas mort, il respire. Peut-être pourra-t-il se remettre. »

« C'est pour sûr un esclave qui vient ici pour acquérir sa liberté. Et vous ? Qui êtes-vous ? Aussi des esclaves ? » reprit une des femmes en s'adressant aux deux compagnons de Plistinius.

« Venez-vous aussi à l'asile ? » demanda une autre.

« Et ne savez-vous pas la nouvelle ? »

« Quelle nouvelle ? » demanda Publius Sulpicius, le débiteur.

« Quelle nouvelle ? » demanda Servius, l'esclave.

« Vous ne savez pas ? Le prince Rémus a été tué : avant-hier il a été tué ! »

« On ne sait par qui. Il y en a qui disent que c'est peut-être le prince Romulus. »

« Tais-toi, bavarde ! Ce n'est pas le prince Romulus. C'est un ouvrier étrusque, un certain Célérius ; c'est tellement vrai que ce Célérius a disparu subitement. »

« Le prince Romulus l'a loué, pourtant, car il a dit : Ainsi périsse quiconque osera offenser Rome ! »

« Oui, mais il s'en est repenti ; hier il y a eu des cérémonies funèbres du matin au soir, et aujourd'hui il y en aura d'autres encore ! »

« Pourquoi la ville est-elle aussi déserte ? » demanda Publius le débiteur.

« Ils sont tous allés sur la colline pour les cérémonies religieuses : vous savez, le prince Romulus tient beaucoup à la religion ; ils enterrent Rémus, je crois. »

« Ils sont allés sur l'Aventin, là où le prince Rémus voulait ériger la cité carrée. »

« C'est pourquoi ils en sont venus aux mains. »

« Ils se tombaient dessus ! Avec les pioches et les bêches ! J'y étais, moi, avec mon bébé dans les bras. Quelle horreur ! »

« Je te crois ! »

« Et je l'ai vu, le prince Rémus ! »

« Ah ! Et qui l'a tué ? »

« Qu'en sais-je, moi ? Ils tombaient tous sur lui ! Et quand j'ai vu que cela devenait sérieux et allait mal tourner, je me suis enfuie ! J'avais le petit dans mes bras, et puis je suis une femme prudente, moi ! »

L'esclave Servius et le débiteur Publius Sulpicius se regardèrent, le visage consterné. Ils étaient vraiment tombés dans un mauvais moment !

Mais le prêtre qui se trouvait de garde les fit entrer dans la grotte qui était le lieu sacré du dieu des Asiles, et Servius et Publius furent déclarés libres et affranchis, ainsi que Plistinius ; sans avoir aucune dette à payer, citoyens libres de la nouvelle ville. Personne ne pouvait plus réclamer à Publius Sulpicius le paiement de ses dettes, et le maître de Servius avait perdu tout droit sur lui ; ils étaient comme nés une seconde fois : des hommes libres, protégés par le dieu des Asiles.

Sur ces entrefaites, le prince Romulus revint de l'Aventin où il avait enterré le prince Rémus et les autres compagnons qui avaient été tués, dans la bagarre, et il vint à la Ville carrée. On s'aperçut tout de suite qu'il persistait dans son idée de construire près du fleuve. On recommença de creuser. L'ancien esclave Servius et l'ancien débiteur Publius travaillaient eux aussi avec les hommes du prince Romulus.

Le frère malade fut porté à la cabane dans les bois, chez la femme qui lui avait offert l'hospitalité.

« Vous êtes revenus ; bien, je vous attendais », dit la femme, simplement. « À présent, toi, Plistinius, couche-toi sur ce lit de feuilles ; j'y mettrai encore une couverture de laine par-dessus, afin que tu puisses mieux te reposer. Prends un peu de lait chaud ! Là, et maintenant, couche-toi et dors, tu ne te tiens plus sur tes pieds. Si tu réussis à dormir un peu, quand tu te réveilleras tu te sentiras tout autre. »

Plistinius s'endormit aussitôt sur le lit de feuilles qui lui paraissait doux et moelleux, habitué qu'il était à dormir sur la terre nue, et quand il s'éveilla, il se sentit déjà bien mieux. Son frère et Publius Sulpicius étaient partis, mais ils avaient promis de revenir. La bonne femme le soigna avec tant d'amour qu'il guérit bientôt. Et puis, quelle joie de ne plus être fouetté, ne plus entendre toute la journée la voix menaçante du maître !

Quand il fut guéri, Plistinius apprit à mener le bétail au pâturage, à traire les chèvres et les brebis, à faire le beurre et le fromage.

Le pauvre garçon était heureux. Ses hôtes ne le battaient jamais, peu à peu ses plaies se guérissaient, la femme était bonne pour lui comme une maman, et son frère Servius venait souvent le voir.

« Quand tu seras fort, tu viendras aussi travailler avec moi à la ville, et nous resterons toujours ensemble », disait Servius.

« Oui, quand je serai fort », répondait Plistinius. Mais, en attendant, il goûtait cette paix, s'attachait à cette maman qui l'aimait et lui préparait chaque jour la petite couche de feuilles où il dormait tranquille. Plus d'injures, plus de coups de pied cruels qui le saluaient tous les matins ! À présent, une femme bonne et simple s'approchait de lui et lui disait : « Lève-toi, Plistinius, le soleil va se lever, et les bêtes ont besoin de toi ! » Elle l'avait soigné avec amour, elle lui donnait à manger en suffisance. Avec quelle ardeur, il travaillait toute la journée pour elle ! Plistinius était heureux et il trouvait qu'une telle vie, parmi les chèvres et les moutons, sans jamais quelqu'un qui le battît, était une vie de béatitude.

# X

# HISTOIRE DE LA NAISSANCE DE ROME

UBLIUS Sulpicius et Servius s'en revenaient à la maison, un soir. Ils étaient devenus de bons amis et travaillaient tous deux à la construction de la nouvelle ville. Mais, des deux, Servius était le plus industrieux et le plus fort ; habitué à travailler durement du matin au soir et à exercer son intelligence pour échapper aux châtiments qui l'attendaient à tout moment chez son maître, ses muscles et son cerveau s'étaient développés à souhait, et il savait faire bien des choses ; on reconnaissait sa supériorité et on lui obéissait. Il avait appris à bien travailler le bois de menuiserie : il fabriquait non seulement des tables, des bahuts, des escabeaux, mais quand il s'agissait de dresser des échafaudages ou de construire des ponts, et qu'il surgissait des difficultés, tous s'adressaient à lui, persuadés que lui réussirait là où eux avaient échoué.

« Donc, demain, c'est grande fête ! » dit Publius Sulpicius, tandis qu'il marchait au côté de Servius.

« Mais oui ! La Pierre carrée est prête et moi je suis parmi les élus qui devront la déposer à l'endroit désigné. Ce sera un spectacle grandiose, une cérémonie de laquelle on se souviendra longtemps ; et je veux que mon frère vienne la voir, lui aussi. J'irai le chercher, Plistinius, et je l'amènerai ici, car une fête comme celle de demain ne se reverra plus ! »

« Et ce sera vraiment Rome, le nom de la nouvelle ville ? »

« Parfaitement, Rome, c'est décidé. Il paraît que c'est un nom de bon augure. Et puis, il plaît au prince Romulus, et quand quelque chose lui plaît...

« Et les nouveaux prêtres, tu les as vus ? »

« Lesquels ? Ceux qui viennent d'arriver de Pise ? Oui, je les ai vus ; ou plutôt, j'en ai vu deux, de beaux vieillards au visage noble, avec une longue barbe blanche qui leur descend jusqu'à la poitrine. Ils ont un aspect très vénérable. Il paraît qu'ils sont très savants. On dit qu'ils ont reçu leur enseignement du nain Tagète. »

« Tagète ? Je n'ai jamais entendu ce nom ! Que de choses tu sais, toi ! Qui était-ce ? »

« Qui c'était ? À vrai dire, personne ne le sait avec précision, eux-mêmes non plus. Il paraît qu'il s'agit d'un ancien Étrusque ; on ne sait pas bien s'il était homme ou dieu, mais en tout cas c'était l'être le plus savant qui ait jamais existé sur terre ; et, dit-on, né de la terre même, quand le paysan retourna avec la charrue pour creuser le sillon, tu ne sais pas ? le nain, petit comme un nouveau-né, aux longs cheveux blancs, bondit du sillon à peine entrouvert, et commença aussitôt à prêcher et à expliquer la signification du vol des oiseaux vers la droite ou vers la gauche, vers le haut ou vers le bas ; et ce que les

79

dieux veulent dire aux mortels, quand ils envoient les éclairs, la foudre et le tonnerre ; puis il apprit, quand on fait les sacrifices, à examiner les viscères des animaux tués, car eux aussi peuvent faire connaître aux hommes la volonté des dieux, pour qui en comprend la signification. Mais ce sont là choses difficiles que nous autres ignorants ne pouvons comprendre. Il faut avoir étudié beaucoup pour y arriver. On passerait une vie entière à vouloir apprendre tout ce qu'a enseigné le nain Tagète, comme ces prêtres d'ailleurs ! Le prince Romulus, qui est très instruit, mais qui veut toujours apprendre davantage et qui veut être informé de la volonté des dieux pour agir selon elle, les a fait venir pour les consulter en tout, et afin qu'ils établissent les lois les meilleures selon lesquelles la nouvelle cité pourra prospérer et avoir une vie longue et heureuse. »

« Combien en a-t-il fait venir ? »

« Je ne sais. Comme je te le disais, je n'en ai vu que deux. Ce matin, ils étaient aux chantiers ; ils établissaient toutes les règles du cérémonial de demain, afin que tout se fasse de façon à porter bonheur à la nouvelle cité. Chaque détail a été établi par eux, d'accord avec le prince ; ils m'ont appelé et m'ont dit ce que je devais faire. »

« En somme, quand on y réfléchit, quel chemin tu as fait, toi, dans ces quelques années ! Pense donc, quand tu étais esclave au portail de Tullius Claudius, et que je t'ai rencontré, ou plutôt que je t'ai rejoint, quand nous fuyions tous les deux pour chercher refuge à la cité nouvelle, dans quel état tu étais ! »

« Et toi, tu m'as aidé, alors ! Je ne l'oublierai jamais et je t'en serai toujours reconnaissant ! »

« Je le sais, je le sais, et tu me l'as prouvé plus d'une fois. Habitué comme je l'étais à ne rien faire et à jouir de toutes les commodités, si toi tu ne m'avais pas mis dans le bon chemin et ne m'avais aidé tant de fois comme tu l'as fait, je suis bien sûr qu'à cette heure, je serais retombé dans l'esclavage, au lieu de m'en être tiré. Parbleu ! dans ce monde, il faut s'entraider ; c'est bien ainsi pour chacun : aujourd'hui mon tour, demain le tien. — Mais, dis-moi, qui seront les autres qui porteront la Pierre carrée avec toi ? »

« D'abord cet Étrusque venu de Véies, il est si fort que d'un coup de poing il renverserait un taureau ; un autre, du pays des Samnites, montagnard celui-là, et un Italique. Le quatrième, c'est moi, qui suis Latin. Car le prince Romulus veut que cette ville soit la ville de tout le monde ; peuplée de gens venus et devant venir de toutes les parties du monde ; et que chacun se sente citoyen de la ville nouvelle. »

« Où la déposerez-vous, exactement, la pierre ? »

« Dans l'angle formé par la rencontre des deux routes. Tu sais, celles que nous avons tracées, et qui seront les plus importantes de la nouvelle ville. L'une va du septentrion au midi ; l'autre du levant au couchant. Juste devant le temple d'Apollon, celui qui est en construction. »

« Ah ! celui-là, j'y ai travaillé, moi aussi ! »

« Nous voilà à la maison. Je vais me coucher. »

« Et demain matin, tu vas donc chez ton frère ? »

« Oui, certes ! Comme je te le dis, je voudrais le conduire ici. J'aimerais même l'avoir toujours ici près de moi. Mais il s'est tellement attaché à ces braves gens, qu'il ne veut pas les quitter. Cependant, demain, il viendra certainement ! »

Avant l'aube du jour suivant, le matin du vingt et un avril, Servius partit pour la campagne. Il trouva Plistinius en train de traire les chèvres et de recueillir le lait dans des récipients de bois qu'il avait fabriqués lui-même pendant l'hiver, alors que la mauvaise

saison ne permettait pas de conduire les bêtes au-
dehors. Il vit entrer Servius et le salua gaiement :
« Salut, frère ! »

Personne n'aurait reconnu en Plistinius le bambin
chétif, couvert de plaies et quasi moribond, qui,
fuyant le dur esclavage, était arrivé dans cette demeure hospitalière, il y avait quelques années. Grand
comme un homme, la figure éclatante de santé, il
avait les yeux brillants et l'expression joyeuse.

« Salut, Plistinius ! » répondit Servius.

Plistinius lui donna une bonne tasse de lait encore
tiède, une grosse tranche de fromage de chèvre et du
pain noir : tout cela, de son bien à lui, le pain aussi,
qui restait de la veille.

« Comme tu te portes bien ! » dit Servius en le
regardant. Son frère lui faisait toujours l'effet d'être
son œuvre à lui : il était son orgueil et sa joie ; c'était
pour lui qu'il avait tenté la fuite hasardeuse afin
d'échapper au maître cruel ; il l'avait porté presque
toute une nuit sur ses épaules, au risque de tomber
exténué sur la route, et maintenant, quand il le voyait
grand et fort et heureux, il lui paraissait chaque fois
qu'une joie nouvelle entrât dans son cœur.

« Comme tu te portes bien ! » répéta-t-il. « Depuis
ces deux mois que je ne t'ai vu, tu me sembles grandi.
Si l'on n'avait pas pris courage, cette nuit-là, si on
était resté là-bas, chez le maître, qui sait dans quel
état tu serais à cette heure ! »

« Dans quel état ? Je le sais bien, moi ! Je serais
sous terre, aux enfers. Tu as été bon, tu as été très
bon pour moi, frère ! »

« J'ai été bon pour moi aussi », répondit Servius
en plaisantant. « Tout est question de courage, en
ce monde. Je ne me reconnais plus ! Être un homme
libre ! Encore maintenant, chaque jour, cela me
paraît une chose neuve et merveilleuse. Le matin,

quand je me réveille, je pense : mais est-ce vraiment possible ? Ne suis-je plus la propriété d'un autre ? On ne peut me vendre, me battre, me torturer, me tuer ? Je remercie les dieux de m'avoir béni et me sens tout heureux. Et puis, tu sais, je fais mon chemin ! Aujourd'hui, je suis un de ceux qui iront porter la Pierre carrée. Le prince Romulus m'estime parce que je travaille bien ; il me charge de toutes sortes de tâches, et non des plus faciles ; je les exécute aussi bien que je peux et lui en est satisfait. Aujourd'hui comme je te le disais, nous mettrons la Pierre carrée à sa place définitive et l'on donnera son nom à la ville. Ce sera une grande fête, une cérémonie comme on n'en a encore jamais vu. C'est pourquoi je suis venu te prendre. C'est la naissance de Rome, aujourd'hui. »

« Qu'est-ce que Rome ? » demanda Plistinius.

« On voit vraiment que tu ne bouges pas d'ici ! Rome est la nouvelle ville. On a décidé qu'elle s'appellerait ainsi. On dit que c'est un nom qui porte bonheur. Elle est petite, à présent, plus petite qu'Albe, naturellement, mais elle deviendra très grande ; les Sages étrusques ont prédit qu'elle durerait plus de mille et même plus de deux mille ans, et qu'il y habiterait des gens venus de loin, de toutes les parties du monde. Nous autres, nous n'y serons plus alors — mais comme j'aimerais sauter sur terre dans deux mille ans, pour voir ! Ce doit être beau de tout savoir, comme ces Sages étrusques, et de pouvoir deviner jusqu'aux décisions des divinités célestes ! »

« Mène-moi à la fête », dit Plistinius. « Il ne faudra pas me prendre sur tes épaules comme alors : je suis si fort que je pourrais aller au bout du monde ! »

« Tu le verras aujourd'hui, le Monde. Le Monde, c'est le nom que nous donnons à l'enceinte de la cité carrée, autour de la Pierre carrée. Nous autres, ouvriers, nous nous divisons en équipes, chacun selon sa race ; chaque race a porté à Rome un peu de terre de son pays, et chaque groupe jettera un peu de terre dans le fossé. Ce fossé, c'est le monde ; et chacun de nous reconnaîtra en Rome sa patrie et la maîtresse du monde. Allons, frère, en avant ! »

Plistinius finit de traire les brebis et alla saluer la famille de ses hôtes avant de suivre Servius à la ville. L'homme n'était pas là. La femme attisait le feu, et les enfants s'ébattaient par terre.

« Attention ! » dit la femme. « Tu dois être au Figuier Ruminal au moment où le soleil se couche. Tu sais qu'aujourd'hui, c'est la fête des Palilies. Et n'oublie pas que tu es inscrit pour les courses ! »

« Oh, je reviendrai à temps, je reviendrai ! » répondit Plistinius. « Il ne manquerait plus que cela, que je n'y sois pas ! Ce serait tant pis pour moi, si je renonçais au plus beau chevreau que j'aie jamais vu, quand j'ai l'espoir de le gagner ! Mais toi, pourquoi ne viens-tu pas aussi à la fête, aujourd'hui ! »

« Oui, vraiment, avec ces deux petits sur les bras ! Non, je ne peux vraiment pas les laisser ! »

Et se retournant, elle les vit, assis par terre, occupés à se lécher les doigts au fur et à mesure qu'ils les trempaient dans une tasse de miel posée sur un escabeau.

« Regardez-les ! Et ça, c'est encore le moindre mal qu'ils peuvent faire. Laissez le miel, les enfants ! Gare à vous, je viens ! Adieu, Servius, adieu, Plistinius ; et reviens avant la nuit ! »

Servius et Plistinius s'acheminèrent vers la ville. Plus ils avançaient, plus ils rencontraient de monde qui allait du même côté. Une foule de gens, presque rien que des hommes, qui, vêtus de leurs plus beaux habits, venant des campagnes et des hameaux voisins, prenaient le chemin de la ville pour assister à la fête.

Plistinius était parmi les plus élégants. Il portait une simple tunique de laine, presque une chemise, que la bergère avait filée, tissée et cousue pour lui, et ses pieds étaient chaussés de sandales de bois, retenues à la cheville par des lacets de cuir, d'un très bel ouvrage.

« Quelles belles sandales ! » dit Servius qui marchait pieds nus.

« Je les ai faites moi-même, tu sais ! »

« Par Jupiter, que tu es adroit ! Je t'en félicite ! »

« Et je n'ai même pas pensé à t'en faire ! J'en ai vraiment honte ! On m'en demande de tous côtés : tous en veulent et me les paient. La bergère, en échange de sandales pour sa famille, m'a fait cette tunique. Et je n'ai rien fait pour toi ! Aussitôt que je pourrai, je t'en ferai une paire. J'ai le cuir et le bois. Que je suis sot de ne pas y avoir encore pensé ! »

« Qu'importe ! Tu y penseras et elles me seront utiles, bien que l'hiver, heureusement, soit passé. Ah ! voilà notre ami Publius Sulpicius ! Viens aussi avec nous : je connais une place d'où l'on voit vraiment bien, et je veux vous y conduire. Moi, je dois aller au chantier, mais vous deux, restez ensemble à l'endroit dont je parle, et, la cérémonie terminée, nous nous retrouverons. »

Tous deux suivirent Servius au milieu de la foule. Celle-ci grandissait, composée presque exclusivement d'hommes. Où étaient les femmes ? Plistinius, qui ne quittait jamais ses bois et ses pâturages et qui ne connaissait pas les habitudes de la ville, s'en étonnait.

« N'êtes-vous donc que des hommes, dans cette nouvelle cité ? » demanda-t-il quand il fut installé avec Publius Sulpicius. C'était un endroit vraiment magnifique, une hauteur de laquelle on voyait tout à

85

la perfection : tout autour les spectateurs ; devant, les places réservées aux personnages de marque, et, au milieu, un grand espace libre pour la cérémonie.

« Hélas, oui. Nous autres, pour une raison ou pour une autre, nous avons été forcés de quitter notre pays, mais les femmes, comment les emmener ? Quelques-unes sont venues, mais en petit nombre. Elles sont plus attachées à leur intérieur que nous, et puis elles n'ont pas, comme nous, des raisons pour s'enfuir, et elles n'en auraient pas non plus la force. Ce qui fait que, même étant malheureuses, elles ne partent pas. Pour elles, il vaut presque mieux rester esclave que de risquer sa vie. Il est certain, pourtant, que nous sommes trop d'hommes : nous n'y pouvons rien ! » conclut Publius.

« Ou plutôt, nous avons trop peu de femmes », dit un homme qui se trouvait assis près d'eux sur une grosse pierre, tout content d'avoir trouvé, comme Publius et Plistinius, une place aussi commode, et désireux de nouer conversation. « Mais il en viendra, il en viendra, des femmes. »

« Il en viendra, comment ? En attendant, il n'y en a pas. Des hommes, il en arrive chaque jour, mais des femmes, jamais. Par conséquent, nous devons tout faire par nous-mêmes, et puis, vivre sans femme, c'est une vie bien triste ! »

« Moi, par bonheur, j'ai trouvé une femme. Quand j'ai dû quitter mon pays, nous étions déjà promis, et les économies que je faisais, c'était à elle que je les destinais. Après avoir été ici quelque temps, j'ai été la revoir en cachette. Elle m'aimait toujours, elle savait qu'après tout j'étais un brave homme, et elle s'est laissé persuader de venir avec moi. Il est certain que j'ai eu de la chance et que peu en ont eu comme moi. »

« Tu as bien raison ! Moi, par exemple, je suis toujours seul, et presque tous les autres aussi, ici en ville. Quel ennui ! »

« Il en viendra, tôt ou tard, il en viendra ! — Là, vous la voyez, la place réservée au prince ? C'est celle qui est élevée au centre. Les places à droite sont réservées aux prêtres, celles de gauche aux cavaliers. Voyez-vous la Pierre carrée ? »

« Je la vois, je la vois, et je vois aussi mon frère Servius avec quatre ou cinq autres, et la Pierre carrée est là, à côté d'eux. Que va-t-il se passer maintenant ? Connais-tu le prince Romulus, Publius ? »

« Certes, je le connais ! Qui ne le connaît ici ? Ah ! qui est-ce qui s'avance là à présent ? Ce sont les prêtres étrusques. Servius me les a décrits, ce sont bien eux. Vois comme ils sont beaux, leurs vêtements, leurs cheveux, leurs longues barbes, tout est blanc ! Ils marchent l'un derrière l'autre autour des autels. Il y en a un qui porte les victimes pour les sacrifices ; regarde, en voilà de plus jeunes, vêtus de blanc, eux aussi. »

« Ah ! voilà le prince ! »

« Comme il est beau, comme il est jeune, on dirait un dieu ! » s'exclama Plistinius avec admiration. « Qui l'accompagne ? »

« Ses guerriers : la force de la nouvelle cité ! »

Le prince Romulus arrivait, en effet. Il était vraiment très beau : plus grand que tous les autres, entouré de ses guerriers, précédé des vieux et des jeunes prêtres. Il regarda la foule qui s'était amassée pour fêter la naissance de Rome et il fut heureux en pensant que ceci n'était qu'un commencement, mais un bon commencement ; et que Rome deviendrait une grande ville ainsi que le prédisaient les oracles.

La cérémonie commença.

Les vestales, habillées de blanc, apportèrent le feu dans les vases sacrés, et le déposèrent sur les autels. Puis elles y ajoutèrent de petits morceaux de bois sec, aride, et attisèrent la flamme. Ensuite, les jeunes prêtres égorgèrent les victimes pour les sacrifices, et les vieux prêtres en examinèrent les viscères pour y lire les oracles.

« Les dieux acceptent les sacrifices !

« Ils protègent la ville nouvelle !

« Ils la rendront grande et forte !

« Ils veulent que son nom soit Rome !

« Rome durera éternellement !

« De toutes les parties de l'Italie et du monde entier, les gens accourront à Rome ! »

Ainsi disaient les prêtres en examinant les viscères des victimes, tandis que les feux éclataient sur l'autel et que vers le ciel s'élevaient d'ondoyantes langues de feu rouges et jaunes.

De l'assemblée tout entière, un seul et unique cri s'éleva alors :

« Rome, Rome, Rome ! Vive Rome, maintenant et à jamais ! »

Deux hommes apportèrent alors au prince Romulus une grande charrue de bronze, traînée par une vache et un taureau blancs. Le prince la conduisit dans le sillon, en chantant des prières, suivi en silence par ses compagnons. Enfin, les prêtres bénirent le fossé.

Puis les ouvriers, disposés en groupes, chaque groupe selon son origine, jetèrent la terre de leur pays dans le fossé de Rome et du monde.

D'abord, ce furent les Samnites, les guerriers de la montagne ; et avec la terre de leur pays, ils jetèrent une corne de taureau dans le fossé de Rome, parce que le taureau était le symbole de leur race.

*Les vestales, habillées de blanc, apportèrent le feu dans les vases sacrés...*

Ensuite ce furent les Hirpins[1], habitants des bois ; et avec la terre de leur pays, ils jetèrent une peau de loup dans le fossé de Rome, parce que le loup était le symbole de leur race.

Puis ce furent les Italiques, les Étrusques, les Sabins. Ils passaient tous en chantant des hymnes de leurs bois, de leurs montagnes et de leurs plaines, et ceux qui venaient de la côte apportèrent les chants de la mer. Tout en chantant, ils jetaient leur terre et leurs symboles dans le fossé de Rome, et les prêtres les bénissaient.

Quand tous les groupes des habitants de tous les pays furent passés et eurent jeté la terre de leur pays dans le fossé de Rome, les prêtres et les guerriers entonnèrent un hymne solennel, priant les divinités du ciel et de la terre de bénir Rome, la ville nouvelle, et de lui donner une vie longue et glorieuse.

Le prince jeta le dernier une motte de la terre d'Albe dans le fossé. Et il reprit le chant avec les prêtres et les guerriers.

« Jupiter, père des hommes et des dieux, et toi, Junon, leur mère, et toi, Mars, qui protèges la cité avec ta force et avec la vaillance que tu confères aux hommes,

« et toi, Minerve, qui leur donnes la sagesse,

« et toi, Neptune, dieu de la mer et de toutes les eaux,

« et toi, Vénus, qui amènes au monde la beauté et qui fus mère d'Énée[2], le héros qui, jadis, aborda à nos rivages et qui fut le père de notre race,

---

1. Peuple montagnard en territoire samnite (voir la carte ci-après).
2. Énée, prince troyen, passait pour être né de l'union de la déesse de l'Amour Aphrodite (Vénus) et du mortel Anchise. À la chute de Troie, il avait fui la ville détruite par les Grecs, emmenant avec lui son vieux père et son fils Ascagne. C'est ce dernier qui fut le fondateur légendaire de la ville d'Albe et de la dynastie d'où naquirent Romulus et Rémus.

« et toi, Apollon, dieu du chant,

« et toi, Bacchus, dieu de l'extase et de l'allégresse, qui amènes au monde le vin, liqueur de la joie,

« et vous, déesses de la terre, qui donnez aux mortels les doux fruits, sans lesquels ils ne pourraient vivre,

« et vous tous, dieux du ciel et de la terre, des eaux et des mers, des plantes et des fleurs,

« et vous, esprits des morts, qui veillez aux foyers des vivants — écoutez notre prière, protégez nos foyers, protégez cette ville de Rome, ville à peine née, et faites qu'elle devienne grande et puissante, maîtresse de la civilisation du monde ! »

Ainsi chantèrent les prêtres, les guerriers et le prince.

Puis tous se turent, et alors Servius et ses compagnons soulevèrent la Pierre carrée ; au milieu du silence général, au point précis où se rencontraient les deux routes — celle qui allait du levant au couchant, et l'autre qui allait du septentrion au midi — ils posèrent la grande Pierre carrée, symbole de la naissance de Rome.

« Voici, j'appelle Monde le fossé autour de la Pierre carrée, parce que de nombreuses races sont venues de divers côtés et ont fondé toutes ensemble la cité nouvelle. Et la nouvelle cité, je l'appelle Rome, en priant encore les dieux de lui donner une vie longue et glorieuse dans les siècles futurs, parmi les hommes de l'avenir, que nous ne connaissons pas, mais qui nous connaîtront. »

Ainsi parla le prince Romulus, en ce jour lointain, en ce jour du vingt et un avril d'il y a plus de deux mille ans, le jour de la naissance de Rome.

Et tout le peuple réuni, tous les hommes venus de tous les pays, de la plaine et de la montagne, de près et de loin, d'outre-mont et d'outre-mer, tous répétèrent la prière :

« Que Rome soit grande et forte, qu'elle ait une longue vie, une vie glorieuse ! Divinités du ciel, de la terre et de la mer, protégez Rome ! »

## XI

# LA FÊTE DES PALILIES

A peine la cérémonie terminée — le soleil à l'occident était comme un grand ballon d'or et la terre était tout illuminée d'or — Plistinius pria son frère, qui l'avait rejoint sur la hauteur, d'aller au plus vite avec lui au Figuier Ruminal, où l'on célébrait la fête des Palilies, fête des bergers.

Servius accompagna Plistinius. Lorsque les rites pour la naissance de Rome eurent pris fin et que le prince Romulus avec les guerriers et les prêtres fut parti, les spectateurs s'éparpillèrent : seuls, ou par deux ou par trois, ou encore en groupes, ils s'éloignaient, se dispersant. Beaucoup allaient avec Servius et Plistinius, et se dirigeaient, comme eux, vers le Figuier Ruminal pour assister aux courses des Palilies. En beaucoup d'endroits on célébrait ces concours, mais celui du Figuier Ruminal, où la bergère avait recommandé à Plistinius de se trouver, était le plus important et le plus grandiose de tous et attirait toujours le plus grand nombre de concurrents et de spectateurs.

Le soleil se couchait : une lumière couleur de rose se répandait de toutes parts, sur les coteaux et sur les petites maisons rustiques ; une grande paix s'étendait sur les bois et sur la campagne romaine ; les oiseaux, avant d'aller dormir dans leurs nids ou sur les branches, abrités par les feuilles, chantaient par milliers, saluant le soleil qui se couchait, et ils faisaient un grand frou-frou parmi le feuillage, en cherchant la place qui leur convenait.

« Qu'il est beau, ce pays », dit Servius. « Je l'aime. »

« Moi aussi », ajouta Plistinius. « Il nous a libérés de l'esclavage : il nous est bien plus cher que celui où nous sommes nés. »

Ils continuèrent leur marche en silence. La grande paix qui s'étendait sur la campagne, remplissait aussi le cœur des hommes, mais Servius se sentit tout à coup envahi par une tristesse invincible. Il pensait à sa vie de labeur, si nue, si morne, sans famille et sans amour. Oui, son frère l'aimait et il le lui rendait bien, quoique vivant séparés, mais malgré cette affection, il se sentait si seul au monde ! Oh ! avoir près de soi une maman, une sœur, quelqu'un qui lui aurait montré cette tendresse que seules savent donner les femmes affectueuses, la tendresse qui nous réchauffe le cœur et adoucit l'existence ! Comme il l'aimerait, comme il l'entourerait d'attentions et d'égards, avec quelle joie il travaillerait encore davantage pour lui donner un nid confortable et douillet, contenant toutes les petites douceurs auxquelles les femmes tiennent tant ! Les oiseaux, eux, avaient tous leur nid et leur compagne : aucun être vivant n'était seul au monde comme lui.

Il passa son bras sur l'épaule de Plistinius pour sentir plus proche l'unique personne au monde qui fût un peu sienne. Mais Plistinius ne pensait qu'à aller vite pour ne pas arriver en retard.

Et voilà qu'ils virent apparaître de grands feux à l'horizon. Sur la terre, que le soleil, à peine couché, avait laissée sombre et violette, les feux flambaient d'un rouge vif, illuminant le ciel limpide de raies roses, jaunes et gris perle.

« Ils brûlent déjà ! Vite, allons vite ! » dit Plistinius. « Je ne veux pas perdre ma place au concours : il est vrai que nous sommes plusieurs pour tenter la chance, mais mon espoir de gagner n'est pas perdu. Dépêchons-nous ! »

Ils arrivèrent bientôt sur le pré au milieu duquel s'élevait un figuier très vieux et très feuillu. Dans la vaste prairie, à distances égales, les paysans et les bergers avaient allumé trois grands feux de fagots et de gros morceaux de bois. Les foyers jetaient de rouges lueurs sur le pré, tandis que la lune surgissait, resplendissante, dans la blancheur du ciel, argentant la terre. Le spectacle de ce pré et du feuillage baignés de lune était enchanteur et semblait être le songe d'un poète.

Mais Plistinius ne regardait pas la lune et ne faisait nulle attention à la poésie de l'endroit : son seul désir était de ne pas être en retard et il courut chez le vieux chef, le berger Silvius ; celui-ci le rassura.

« Mais oui, mais oui, tu arrives bien à temps ! Plus qu'à temps ! personne encore ne s'est mis en place ! Regarde, va de ce côté-là ; à droite : tu y trouveras tous tes camarades. Vous êtes quinze ! »

Plistinius rejoignit ses amis, tandis que Servius allait examiner les prix destinés aux vainqueurs. Il rencontra la bergère qui hébergeait Plistinius, et vit à ses côtés une toute jeune fille, presque une enfant, qu'il ne connaissait pas.

« Qui est cette jeune fille ? » demanda Servius.

« C'est Syra. Elle connaît très bien ton frère ; ils conduisent ensemble les troupeaux au pâturage. »

« Plistinius est un bon garçon », dit Syra. « Quand une chèvre s'égare et que je ne réussis pas à la rattraper, il me la ramène toujours. Il est comme un frère pour moi. »

« Oui, vraiment, Plistinius est un brave garçon. Je serais si content s'il gagnait la course. Il y tient tant. »

« Oh, il la gagnera, il la gagnera sûrement ! Il n'y a pas un garçon qui coure comme lui ! »

« Quel prix aura-t-il ? »

« Cet agnelet-ci », dit Syra en le prenant dans ses bras. L'agneau avait l'air d'un gros flocon de laine blanche et Syra disparaissait tout entière derrière cette toison blanche. On ne voyait plus qu'un petit minois rose et deux yeux noirs tout brillants.

Servius caressa le petit agneau, non sans grande envie de câliner aussi le petit minois rose. Mais, à cet instant même, fut donné le signal de la course. La bergère s'approcha lestement pour voir ; Servius et Syra firent de même, et Servius prit la main de Syra.

« Comme on est bien près de toi ! Depuis que je suis au monde, je ne me suis jamais senti aussi heureux. Je ne sais pourquoi, mais il me semble être un autre, je suis tout changé. »

« Plistinius me parle souvent de toi, et dit que tu es si bon », répondit Syra. — Servius lui donnait encore la main. C'était une très petite main que celle de Syra, si petite que dans sa grande main, à lui, elle semblait un oiselet tombé du nid, et tandis que les coureurs sautaient à travers les feux ardents et que, anxieuse et attentive, Syra regardait qui arriverait le premier, Servius ne sentait rien d'autre que cette petite main et son cœur battait à grands coups.

Plistinius arriva premier ; tous l'acclamèrent et Syra courut pour lui apporter le petit agneau.

Puis il y eut d'autres concours. Mais Servius ne regardait même pas. Il pensait à Syra, à son petit visage rose, à la petite main qu'il avait tenue entre les siennes. Il sentait en son cœur une tendresse nouvelle, étrange, qui l'inondait tout entier, et il lui semblait que s'il pouvait vivre auprès de Syra, il serait l'homme le plus heureux du monde.

« Je viendrai parfois te voir », dit-il à Syra quand ils se quittèrent.

« Viens, je serai bien contente de te voir », répondit-elle.

Ainsi, Servius, libre citoyen de Rome, apprit à connaître Syra la bergère.

Il la revit plusieurs fois au pâturage, quand il allait trouver son frère Plistinius. Il lui reparla et se prit d'affection pour elle, car Syra était aussi bonne que belle.

Et un jour Servius parla à Syra et lui dit :

« Syra, je t'aime. Veux-tu devenir ma femme ? Veux-tu venir avec moi à Rome ? »

« Venir avec toi à Rome ? Je ne peux pas, oh ! je ne peux pas ! Et mes brebis et mes petits agneaux, que deviendraient-ils ? »

« Mais, Syra, tu sais bien que Plistinius garde déjà plusieurs de mes chèvres avec les siennes. Donnons-lui aussi les brebis que tu possèdes. Tu peux être sûre qu'il les soignera comme les siennes et qu'elles s'en trouveront fort bien ! »

Syra se fit un peu prier, mais, finalement, elle consentit, devint la femme de Servius et alla à Rome avec lui.

# XII

# LA JOURNÉE DU DIEU TERME

A Rome, Servius était devenu un personnage important.

Il s'était mis à travailler le bois. Il faisait des échafaudages, des ponts, des escabeaux, des tables, des bahuts, des lits, des meubles de toute sorte. Tout le monde voulait être servi par lui. Il avait même dû refuser plusieurs commandes, parce qu'il n'arrivait pas à contenter tous ceux qui s'adressaient à lui. D'une adresse et d'une intelligence peu communes, ayant un goût naturel très sûr, les objets sortaient de ses mains élégants et solides, et ceux qui les voyaient en désiraient aussitôt de pareils. Alors Servius avait décidé de se faire aider par quelque apprenti. Il prenait de jeunes enfants et leur enseignait le métier. Peu à peu, ils s'habituaient à exécuter avec soin les travaux les plus simples, tandis que lui se réservait les plus difficiles. Ainsi Servius avait pu augmenter le nombre de ses clients et s'était créé une belle situation : il possédait à Rome une belle maison, avec une grande chambre qui lui servait de dépôt de bois et d'atelier. En dehors de Rome, il avait des champs et du bétail qui lui rapportaient du lait et du fromage, de l'huile, du vin et du grain. Au milieu de ces champs, il avait fait construire une maison qu'habitait Plistinius avec les paysans et les bergers. Plistinius avait quitté la bonne famille qui l'avait recueilli : il possédait, lui aussi, un grand nombre de brebis et de chèvres et ne pouvait plus être domestique chez les autres. Il avait construit sa maison avec l'aide de Servius. Il travaillait la terre, surveillait les bergers et portait à son frère, à la ville, la part qui lui revenait de la récolte des champs et du produit des troupeaux.

En ville, il retrouvait Servius et Syra, qui étaient toujours bien heureux de le voir.

Syra, la jeune bergère, était devenue une petite ménagère accomplie. Elle filait la laine, tissait les vêtements et les couvertures pour l'hiver, rangeait les provisions et veillait à leur bon entretien, préparait les repas, tenait la maison en ordre et n'était jamais oisive. Aussi, elle était toujours gaie et apportait la bonne humeur partout où elle allait. Quand on passait, on entendait une voix fraîche qui semblait celle d'une alouette, on voyait une jeune femme soigneusement mise, aux tresses noires, au visage rose, qui allait à la fontaine en portant une cruche sur sa tête, ou qui s'en retournait, la cruche pleine, ou qui lavait le linge, ou s'occupait à l'une ou l'autre de ces besognes ménagères, toujours gaiement. Et les gens disaient : « Qu'il est heureux, Servius ! Quelle chance d'avoir une femme ! Et une femme comme celle-là ! »

Car à Rome, les épouses étaient rares. Il y avait si peu de femmes que presque tous les hommes devaient bon gré mal gré rester vieux garçons. Des hommes, des hommes, et encore des hommes — il en arrivait tous les jours, attirés par le lieu sacré du

99

dieu des Asiles et par la forte protection du prince Romulus ; des hommes qui, comme Servius, Plistinius et Publius, fuyaient leur patrie pour se soustraire à une condamnation ou à l'esclavage et qui cherchaient un refuge à Rome. Mais il ne venait presque jamais de femmes. Elles étaient rares comme les mouches blanches.

Le peu qui s'y trouvaient, travaillaient dans la maison, filaient et tissaient, et beaucoup d'hommes tissaient et filaient eux aussi, car il n'y avait pas assez de femmes.

Servius travaillait et chantait. Syra travaillait et chantait et ils s'aimaient tendrement.

La maison de Servius et de Syra était charmante, avec une cour au centre et une vasque au milieu de la cour. Elle ne manquait de rien : dans la cuisine, les ustensiles étaient alignés en bon ordre, bien propres et abondants. Dans la chambre, il y avait un grand lit de bois avec des pieds de bronze et des sangles pour y poser le matelas, et celui-ci était de bonne laine obtenue, au printemps, des meilleures brebis du troupeau. Les couvertures aussi étaient de bonne laine filée et tissée par la maîtresse de maison. À présent, il y avait aussi un berceau à côté du lit. Syra attendait un bébé, et elle et Servius en étaient très heureux. Syra avait déjà préparé de beaux langes et de petits draps douillets ; Servius avait fabriqué un très joli berceau en forme de petite barque pour pouvoir y bercer plus facilement le bébé, et l'avait posé à terre à côté du grand lit.

On était au mois de février. Les journées s'allongeaient et les matinées devenaient claires. De tous côtés, arrivaient les souffles du printemps et dans le jardin de Servius, un arbuste déployait ses petites feuilles vertes qui semblaient des émeraudes au soleil.

Il était déjà tard, mais on y voyait encore. Servius se trouvait à l'atelier tout encombré de poutres et de bois de toute sorte. Il achevait l'ornementation d'une table destinée au prince et les ouvriers enfonçaient des clous, rabotaient et sciaient sous la surveillance et les ordres du patron.

Plistinius entra en ce moment.

« Salut, frère ! » dit-il.

« Salut ! Sois le bienvenu ! » répondit Servius, interrompant son travail et allant à sa rencontre. « Je suis heureux de te voir ! Mais comment as-tu pu quitter les champs, puisque demain c'est la fête du dieu Terme[1] ? »

« C'est précisément pour cela que je suis venu. J'aurais grand plaisir si demain tu venais avec moi. Je suis tellement seul ! Tu viendras, n'est-ce pas ? »

Servius jeta un coup d'œil autour de lui, sur le travail et sur les ouvriers. « Oui, je serai content de passer une journée avec toi et d'assister à la fête. Quant à Syra, je peux être tranquille. Elle va bien, elle est alerte, debout du matin au soir. Partons-nous demain matin à l'aube ? »

« Avant le lever du soleil », répondit Plistinius.

Le matin suivant, les deux frères s'acheminèrent vers les champs. La campagne romaine était belle par cette matinée de février. Les vagues parfums du printemps montaient de la plaine ondulée. Des nuages roses et blancs apparaissaient de-ci de-là au milieu de la verdure et de la terre brune : c'étaient les amandiers qui offraient leurs mille fleurettes comme de petites flammes blanches au printemps nouveau. Les oiseaux chantaient, fous de joie, le grand soleil éclairait le ciel à l'orient et semblait dire à la terre : « Me

---

1. Le dieu *Terminus* (Terme) préside symboliquement aux bornes, aux limites territoriales.

voilà, j'arrive ! Je t'apporte la lumière, je t'apporte la chaleur et la vie ! J'ouvre tes fleurs, j'ouvre les cœurs des hommes pour qu'ils soient heureux et bons, et qu'ils reconnaissent la puissance des dieux célestes ! »

Au milieu des champs, les deux frères virent apparaître la maisonnette blanche. Un gros chien vint à leur rencontre en aboyant joyeusement et en agitant la queue, et mit deux pattes sur les épaules de Plistinius comme pour l'embrasser.

Plistinius se défendit, heureux de revoir ce vieil ami, gai et affectueux, qui était son plus fidèle compagnon. « Il est bon, tu sais ? Un excellent gardien ; tout le monde a peur de lui. Couche, Licisca, couche ! »

Sur la table de pierre rustique, devant la maison, se trouvaient déjà les offrandes destinées au dieu Terme : des guirlandes d'herbes et de fleurs, des tas de grain, des gâteaux, des fruits, du vin et du miel. Tout autour de la table se tenaient les paysans et les bergers.

Ils étaient cinq, qui travaillaient aux champs et gardaient les bêtes. « Salut, maître », dirent-ils. Et Servius se rappela un temps, qui n'était pas bien lointain, où il n'était pas le maître, mais l'esclave maltraité, né d'esclaves maltraités. Il se souvenait à peine de ses parents parce que, tout petit, il leur avait été arraché et avait été vendu. Qui sait s'ils étaient morts ou vivants, battus par quelque méchant maître ! Servius pensait souvent à ces choses, c'est pourquoi il était bon avec ses serfs [1], auxquels il ne venait pas à l'esprit de s'enfuir et qui disaient qu'on ne pouvait trouver un meilleur maître au monde.

---

1. Le mot « serf » est issu du latin *servus* qui désigne l'esclave.

« Je vois que tout est préparé pour la cérémonie »,
dit Servius. « Fort bien ! Où est la victime ? »

« La voici ! » répondit le plus vieux des serviteurs
en amenant une grosse brebis blanche, bien lavée et
ornée d'une guirlande de fleurs autour du cou.

« Elle est belle, forte et saine : le dieu Terme sera
content de l'offrande. Allons ! »

Un esclave retira un tas de charbons ardents du
foyer et les déposa dans le récipient qui leur était
destiné. Un second esclave chargea une grosse pierre
sur ses épaules, les autres saisirent le froment, les
gâteaux, les guirlandes, les fruits, le miel. Et tous se
mirent en marche.

Servius et Plistinius allaient en avant avec le gros
chien et la brebis ; puis venaient les esclaves, l'un derrière l'autre, du plus âgé au plus jeune. Ils arrivèrent
à la limite des champs cultivés et firent un tour circulaire autour d'un petit fossé qui marquait la limite
de la propriété, en chantant les louanges du dieu
Terme et menaçant de punitions terribles celui qui
l'aurait renversé ou ôté de sa place.

« Si quelqu'un touche au dieu Terme avèc la
charrue, que lui et ses bœufs soient voués aux dieux
infernaux !

« Si quelqu'un dérange les limites, les dieux s'irri-
teront contre lui !

« Sa maison disparaîtra !

« Sa race s'éteindra !

« Sa terre ne produira plus de fruits : la grêle, la
pluie, le feu de la canicule détruiront ses moissons !

« Les membres du coupable se couvriront de plaies
et tomberont en pièces !

« Personne n'osera jamais t'évincer ou t'offenser,
ô dieu Terme, qui défends et protèges la propriété
des hommes sur la terre : chacun de nous te respectera
à jamais !

« Et aujourd'hui, en ce jour qui t'est consacré, nous t'offrons les fruits de la terre que nous avons cultivée sous ta protection ! »

Servius, Plistinius et les paysans, arrivés aux confins de la propriété, creusèrent la terre, déposèrent la grosse pierre qui représentait le dieu Terme et la couronnèrent de guirlandes et de fleurs. Puis ils apprêtèrent le sacrifice.

« Plistinius, tiens-la ferme, qu'elle ne bouge pas. Je suis prêt. »

Plistinius empoigna la grosse brebis et la tint solidement en saisissant d'une main les pattes de derrière et de l'autre les pattes de devant. Servius saisit la tête d'une main et de l'autre trancha la gorge à la pauvre bête. Un flot de sang jaillit de la blessure et se répandit dans le fossé.

« Ce sang est pour le dieu : nous te l'offrons, ô dieu Terme !

« À présent, mettons le charbon ardent dans le fossé ; ici, Tigellinus ! »

L'esclave qui portait le charbon le jeta dans le fossé au commandement du maître. Et à un second ordre, les autres esclaves jetèrent dans le feu les fruits secs, l'huile, le miel, le grain, les gâteaux. La flamme s'éleva, le feu dévora les offrandes ; puis les esclaves, en chantant, déposèrent la grosse pierre couronnée sur les cendres encore chaudes.

« Ô dieu Terme, protège cette terre !

« Protège la terre et les hommes, ô dieu Terme ! »

Et chantant toujours, les sept hommes et le chien s'en retournèrent à la maison, où ils mangèrent la chair de la brebis sacrifiée et burent du vin pur.

Ensuite, pendant toute la journée, Servius se promena par les champs avec Plistinius, examinant le travail fait et à faire, donnant des ordres et des

104

conseils aux travailleurs. Quand le soleil fut près de se coucher, il retourna à la ville.

« Salut, maître !

« Salut, salut, salut ! » dirent en chœur les serviteurs. Plistinius accompagna son frère jusqu'à la limite des champs ; le gros chien le suivit, puis revint en arrière avec son maître, pour garder le troupeau et les champs, lui aussi serviteur fidèle du dieu Terme.

Et Servius marcha vite jusqu'à la ville, où Syra l'attendait.

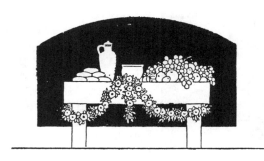

## XIII

# SERVIUS DEVIENT PÈRE ET PATRON

LES mois passèrent et les hirondelles revinrent. D'où venaient-elles ?

Syra ne le savait pas. Certainement de loin : d'au-delà de la mer. Mais qu'y avait-il au juste, au-delà de la mer ? Y avait-il encore de la terre, ou bien le monde finissait-il là ? Parfois des étrangers arrivaient à Rome : ils venaient sur de grandes barques qui traversaient l'étendue de l'eau par la force de leurs bras, avec les rames, qui, sans répit, fendaient les ondes, ou avec la voile que gonflait le vent. Syra les avait vues plusieurs fois. Donc il y avait encore de la terre de l'autre côté de la mer, il y avait encore des êtres humains. Et c'était sûrement chez eux que les hirondelles allaient passer les mois d'hiver, quand il faisait froid à Rome et qu'elle sortait les couvertures et les vêtements chauds des bahuts que Servius avait fabriqués et les deux grandes peaux de loup dont Plistinius avait fait cadeau à Servius.

Mais à présent les hirondelles revenaient, et deux d'entre elles se mirent à construire leur nid dans un trou du mur de la cour. Dans la maison, il y avait le berceau pour le bébé qu'elle attendait : au-dehors le papa et la maman hirondelles construisaient le berceau pour les petites hirondelles qui viendraient bientôt gazouiller et chanter et saluer le soleil chaque matin à son lever et chaque soir à son coucher, et manger et encore manger pour grandir et être capables de voler. Syra voyait besogner les hirondelles pendant qu'elle aussi, dans la maison, travaillait et préparait les derniers langes pour le bébé qui allait naître.

Maintenant la maman hirondelle se tenait bien tranquille dans son nid et le gros papa hirondelle lui apportait continuellement à manger afin qu'elle n'eût pas à se mouvoir et que les petits œufs ne pussent se refroidir. Syra, par contre, était tout le temps en mouvement, parce qu'elle était la seule femme de la maison et qu'il y avait beaucoup à faire. Qui naîtrait en premier, les petites hirondelles ou le bébé ?

Les hirondelles vinrent les premières, et Syra les entendait gazouiller parce qu'elles avaient faim, et elle voyait le papa et la maman hirondelles plus affairés que jamais, apportant à leurs petits toutes sortes de bonnes choses à manger : des moucherons, des mouches, des sauterelles, des insectes de toute espèce que ces petites bouches toujours affamées engloutissaient en un éclair. Et elle pensait à son bébé et le recommandait aux dieux de la maison qui habitent près du foyer.

Le foyer était toujours allumé : Syra, en bonne ménagère qu'elle était, ne laissait jamais s'éteindre le feu, c'est pourquoi les dieux demeuraient volontiers chez elle et lui concédaient de la joie. Syra à présent s'adressait encore davantage à eux : elle les priait pour que le bébé fût beau et fort et elle invoquait le

107

dieu Vatican [1] afin que le premier cri de l'enfant fût clair et retentissant, de bon augure, comme un trille d'hirondelle.

Le bébé naquit et son premier cri fut, comme le désirait Syra, clair et retentissant comme un cri d'hirondelle. Le petit était beau, gras et rose, et Servius fut si content de l'avoir qu'il le prit aussitôt, le porta près du foyer où brûlait un bon feu, l'éleva dans ses bras pour le présenter aux dieux de la maison et les pria d'accueillir avec bienveillance le nouveau venu. Puis il le reporta à Syra.

Syra était la femme la plus heureuse du monde. Quel amour de bébé que le sien ! Elle lui donnait son lait, le tenait au chaud dans ses langes et le berçait dans le berceau en forme de barque que Servius avait fabriqué avec tant de soins. Elle lui chantait toutes sortes de berceuses, en priant les grandes et les petites divinités de toujours le protéger. La jeune maman chantait du matin au soir ; tandis que Servius allait demander à ses amis de venir le neuvième jour après la naissance pour fêter l'enfant et assister à la cérémonie religieuse qui, selon la coutume, devait être célébrée pour le recevoir dignement dans la demeure de ses parents.

Le jour arriva.

Qu'ils étaient heureux, Servius, Plistinius, Syra, les serviteurs et les amis ! Rayonnant de joie, Servius présenta son beau petit garçon aux invités. Puis tous ensemble prièrent les dieux de la maison, ceux qui protègent le foyer domestique, de permettre que le bébé grandît, sain et beau, afin qu'à la mort de Servius il pût perpétuer la famille, habiter la maison, offrir des sacrifices aux dieux et des repas funèbres à son père et à sa mère qui, après leur mort — ainsi

---

1. Dieu qui préside aux débuts du langage des enfants.

... l'éleva dans ses bras pour le présenter aux dieux de la maison...

croyaient-ils — iraient demeurer en bons esprits près du foyer qu'ils avaient entretenu durant leur vie[1].

Maintenant la flamme pétillait dans le foyer ; Servius y versa de la graisse de mouton et de l'huile : le feu éclata joyeusement et flamba plus vif que jamais.

« Protège mon fils, ô dieu du foyer !

« Toi, dieu Fabulin[2], fais-lui dire la première parole, et qu'elle soit de bon augure !

« Toi, déesse Cuba[3], tiens-le tranquille dans son berceau, sans mauvais rêves !

« Toi, dieu Vatican, qui lui as concédé le premier cri après sa naissance, protège-le dans la vie !

« Toi, déesse Domiduca[4], reconduis-le sain et sauf à la maison, chaque fois qu'il sort ! »

Ainsi chantait Servius, debout devant le foyer ; et après ce chant, on offrit à manger et à boire à tous les invités : du vin pur et du lait, et la chair de la brebis tuée en l'honneur des dieux du foyer pour fêter l'heureuse arrivée de l'enfant dans la maison de son père. Ils mangèrent la chair de la brebis, burent le vin pur et prirent congé, chacun avec un souhait pour le petit garçon de Servius et de Syra. Plistinius partit, lui aussi, parce qu'à la campagne c'étaient des journées de grand labeur.

Ils partirent tous : dans la maison il resta le feu qui ne s'éteignait jamais dans le foyer, il resta les serviteurs, et un papa et une maman heureux avec leur cher et beau bébé qui n'appartenait qu'à eux.

---

1. Les Romains honoraient les âmes de leurs ancêtres défunts comme des divinités protectrices du foyer, qu'ils appelaient les Lares (voir chapitre XXII, p. 177).
2. Dieu qui protège les enfants commençant à parler (verbe *fari* ; même étymologie pour *fabula*, « ce que l'on dit », d'où « fable »).
3. Divinité protectrice des enfants au berceau (le verbe *cubare* signifie : « être couché dans son lit »).
4. « Celle qui conduit (*ducere*) à la maison (*domus*) » ; c'est l'épithète de Junon, femme de Jupiter, qui protège le mariage et la famille.

Ils pensaient que désormais il y avait là quelqu'un qui, après leur mort, continuerait à habiter la maison et qui se souviendrait d'eux, qui les ferait vivre avec les invocations et les sacrifices, qui verserait de l'huile, de la graisse et du grain aux dieux du foyer.

Cependant, Rome grandissait de plus en plus et le prince Romulus devenait toujours plus puissant, plus fort et plus renommé. Il appela tous les jeunes gens de Rome et forma une grande armée : tous les jeunes gens qui montaient bien à cheval formèrent le corps des cavaliers, et les autres celui des miliciens.

Et le prince Romulus réunit les hommes les plus importants de Rome, les compagnons qui l'avaient aidé depuis le début ; il leur conféra des honneurs et de l'autorité sur les autres et les appela patriciens [1].

Et le prince Romulus réunit les artisans les plus habiles de Rome, ceux qui exerçaient un art ou un métier pour leur propre compte et qui avaient des ouvriers. Il leur conféra des honneurs, des droits et de l'autorité sur les autres, mais il formaient une classe moins élevée que celle des patriciens qui étaient comme les Pères de Rome. Ces artisans, capables, experts dans leur métier et riches, eurent le nom de patrons et leurs subordonnés celui de clients.

Servius fut appelé avec les autres. Il devint un des patrons les plus importants, respecté du peuple et recherché pour la sagesse de ses conseils. Il fut respecté de tous parce que le prince l'estimait, qu'il l'avait choisi parmi les autres et lui avait assigné plusieurs charges honorifiques ; mais il fut respecté surtout parce qu'il était bon, intelligent, poli et généreux avec ses clients et qu'il les protégeait et les aidait dans toutes les occasions.

---

1. Littéralement les « pères » (*patres*), parce qu'ils ont fondé Rome (voir ci-après) et qu'ils sont les chefs des grandes familles nobles.

## XIV

# HISTOIRE DES FEMMES DE ROME

ES jours et les mois passèrent, un an s'écoula.

Les affaires de Servius allaient de mieux en mieux ; il s'occupait avec diligence des affaires publiques et dirigeait aussi son entreprise avec une intelligence très active : les meubles qui sortaient de son atelier étaient achetés sur-le-champ, son bétail augmentait et s'améliorait, et ses terres lui rapportaient tant qu'il devait vendre l'excédent de vin, d'huile, de lait et de fromage.

Rome devenait de plus en plus grande. Grande et pleine d'hommes. Tous les jours il en arrivait qui se mettaient sous la protection du dieu des Asiles et ne quittaient plus Rome. Mais il ne venait point de femmes. Et le prince Romulus était préoccupé en pensant que Rome ne durerait pas si l'on ne réussissait pas à former des familles, afin que les citoyens d'aujourd'hui eussent des fils qui deviendraient les citoyens de demain.

112

C'est pourquoi le prince Romulus appela les prêtres étrusques qui lui avaient enseigné les lois divines et humaines et qui lui avaient toujours donné de sages conseils.

« Prêtres, j'ai besoin de vous. La ville devient grande et forte, il est vrai, selon ce que vous avez prédit, mais les femmes y manquent presque totalement : les familles sont si rares qu'elles peuvent se compter sur les doigts et on ne voit pas d'enfants dans les rues ; si cela continue ainsi, quand cette génération sera finie, la ville de Rome sera finie, elle aussi.
— Vous comprenez qu'il n'est pas possible que cela continue ainsi ; il faut prendre tout de suite des mesures. Que devons-nous faire ? »

Les vieux prêtres réfléchirent et réfléchirent, et l'un d'eux parla :

« Choisis cinquante jeunes gens parmi les plus beaux et les plus intelligents de Rome. Envoie-les dans les villes voisines et donne-leur l'ordre de se choisir chacun une épouse, de l'amener ici et de fonder une famille. Ainsi, en peu de mois, se formeront cinquante familles et ce sera toujours un bon commencement. »

Le prince Romulus suivit le conseil des prêtres et appela les cinquante jeunes gens.

« Jeunes gens de Rome, vous voyez que les femmes manquent dans notre ville. Et si les femmes manquent, les enfants manquent aussi. Quand nous serons morts, Rome sera déserte et nous aurons travaillé en pure perte à ériger la ville. C'est pourquoi je vous ai appelés. Allez dans les villes voisines, à Pise, à Préneste, à Volterra, allez parmi les Étrusques, les Latins, les Céniniens [1], les Samnites, les Sabins, bref, allez où

---

1. Peuple du Latium.

113

vous voulez : choisissez une épouse, amenez-la à Rome et fondez une famille romaine. Revenez dans trois mois : je vous attendrai, vous et vos femmes, ici, devant le temple d'Apollon, à la Pierre carrée. »

« Nous ferons comme tu dis, ô prince ! »

Les cinquante jeunes gens partirent et, trois mois après, le prince Romulus se trouvait de nouveau avec les prêtres devant le temple d'Apollon, à la Pierre carrée, attendant ceux qui étaient partis à la recherche d'une épouse.

Ils arrivèrent. Il en vint un, puis deux, puis trois, quatre, jusqu'à vingt. Les autres ne vinrent pas. Et le prince Romulus demanda à ceux qui étaient présents quel avait été le résultat de leur expédition.

« Prince, il ne nous a pas été possible d'exécuter l'ordre que tu nous avais donné. Des jeunes filles, oui, il y en a : les peuples voisins en ont en abondance ; mais qui voudrait nous les donner ? Et quelle jeune fille voudrait nous suivre ? Leurs parents, leurs frères et elles-mêmes ne veulent pas en entendre parler. Ils disent : ''Vous autres, Romains, il est bien possible que vous soyez puissants, nous ne disons pas le contraire, mais au fond, qu'êtes-vous ? Un peuple de bandits, un ramassis de gens échappés de tous pays, qui ont transgressé la loi et commis des crimes et qui ont fui pour chercher un refuge. Non, nous ne vous donnerons pas nos filles, elles ne deviendront jamais citoyennes romaines, au grand jamais !'' »

« Mais vos camarades ? Vous étiez cinquante et à présent vous n'êtes que vingt. Qu'est-il advenu des autres ? »

« Nos camarades ? Ah, ceux-là, oui, ils ont choisi des jeunes filles, mais le pacte a été le même pour tous : les épouser à condition de rester dans le pays des épouses et de ne pas les emmener. Eux ont accepté, ils se sont mariés parmi les différents peuples et sont devenus sujets de ces peuples. »

Alors le prince Romulus vit que le conseil des prêtres n'avait pas été bon ; non seulement il n'avait pas rapporté de femmes à Rome, mais il lui avait enlevé trente jeunes gens, et des meilleurs ! Romulus se fâcha et congédia les prêtres.

Après quoi, il appela ses cent patriciens, ceux qui étaient venus d'Albe avec lui et qui l'avaient aidé à fonder la ville, et il leur demanda conseil dans cette situation difficile.

« Patriciens, depuis ma première jeunesse, vous avez été mes frères et amis : déjà avant que fût placée la Pierre carrée de Rome, vous étiez mes compagnons et mes amis fidèles. Et c'est pourquoi je vous appelle, maintenant que nous nous trouvons dans une situation difficile et grave. Aujourd'hui, Rome est grande, forte, florissante ; mais demain ? Nous sommes tous sans épouses et sans enfants ; quand nous mourrons, Rome se dépeuplera et notre travail pour fonder la ville aura été vain. Je voulais trouver un remède et je l'ai demandé aux prêtres ; ils m'ont donné un conseil et je l'ai suivi, mais le remède a été plus redoutable que le mal. À présent, je demande de nouveau un conseil, et c'est à vous que je m'adresse. Que devons-nous faire ? »

Les patriciens discutèrent et réfléchirent, réfléchirent et discutèrent, et finalement donnèrent le conseil requis.

« Choisis dix ambassadeurs, des hommes sages, qui savent bien parler, et envoie-les aux peuples voisins, afin qu'ils les persuadent de donner leurs filles à nos jeunes gens. Ils y consentiront parce que s'il est facile de refuser une chose à un particulier, on réfléchit bien avant de répondre ''Non'' à un ambassadeur ! »

« Je ferai ce que vous dites », répondit le prince Romulus. Et, parmi les cent patriciens, il choisit les plus sages, ceux qui savaient le mieux parler et convaincre, afin qu'ils allassent en ambassade auprès des peuples voisins, pour les persuader de donner leurs filles comme épouses aux jeunes Romains. Il en choisit dix et leur dit :

« Allez chez les peuples voisins ; dites-leur que s'ils cèdent leurs filles comme épouses à nos jeunes gens, elles ne pourront se trouver mieux que chez nous et ne devront faire d'autre travail que celui de filer la laine. Dans leurs maisons, elles seront reines : nos lois et nos hommes les respecteront. C'est le prince Romulus qui le promet et qui vous offre son alliance pour la défense et contre l'offense. Allez, parlez, convainquez. Et dans deux mois revenez ici, devant le temple d'Apollon, où se trouve la Pierre carrée. »

Les dix ambassadeurs partirent. Et quand deux mois furent écoulés, ils se retrouvèrent tous devant le temple d'Apollon.

« Prince, nous sommes désolés de devoir nous présenter devant toi aujourd'hui, car aucun de nous n'a réussi. ''Certes, vous êtes forts, disent-ils, mais c'est parce que vous êtes un ramassis de violents qui avez quitté vos pays pour échapper aux châtiments que vous aviez mérités. Comment donc pourrions-nous désirer votre alliance ? Comment pourrions-nous croire à votre parole ? N'avez-vous pas ouvert un asile pour les hommes ? Eh bien, ouvrez-en un autre pour les femmes ! Il en viendra, n'en doutez pas, il en viendra ! Mais nous ne vous donnerons point nos filles !'' Ainsi nous ont-ils dit en nous insultant, et aucun accord n'a été possible ! »

À ces paroles, le prince Romulus fut inquiet et plus soucieux que jamais. Puis il appela ses trois cents cavaliers.

C'étaient tous des jeunes gens pleins de vie, impatients d'agir, ne souffrant pas de délais.

« Jeunes cavaliers, vous voyez que Rome est grande et puissante. Mais les femmes manquent, et les familles aussi. Quand nous mourrons, Rome sera déserte, parce que nous n'avons pas d'enfants qui puissent devenir les citoyens de demain ; et les peuples voisins ne veulent d'aucune façon nous donner leurs filles afin qu'elles deviennent nos épouses et des citoyennes de Rome. »

Un grand tumulte s'éleva parmi tous ces jeunes gens beaux, forts et impatients.

« Prince Romulus, nous n'avons pas besoin que l'on nous concède quoi que ce soit : nous les conquerrons, nos femmes ! Donne-nous-en l'ordre, laisse-nous partir ; nous t'en amènerons à Rome autant que tu en voudras ! »

« Vous oubliez, dit le prince Romulus, que, de cette façon, tous les peuples voisins deviendront nos ennemis. »

« Et que nous importent les ennemis ? Nous sommes nombreux, nous n'avons peur de rien : nous combattrons, nous résisterons, nous vaincrons ; mais nous ne pouvons tolérer un mépris comme celui qu'on nous manifeste. Permets-nous de conquérir nos épouses nous-mêmes ; laisse-nous aller les prendre : c'est le conseil que nous te donnons, conseil d'hommes forts et jeunes ! »

« Très bien ! je vous permets de conquérir vos épouses vous-mêmes, dit le prince Romulus. Mais comment ferez-vous pour arriver jusqu'à elles ? Pénétrerez-vous dans leurs maisons pour les ravir ? Vous serez tous massacrés avant même de les avoir vues. »

« Comment y parviendrons-nous ? En effet, ce n'est pas facile ! »

Il y eut un moment de silence.

« Commande une grande fête, cria tout à coup un des jeunes gens. Commande une grande fête, et qu'elle soit somptueuse et magnifique comme on n'en a encore jamais vu. Les femmes ne manquent pas aux fêtes et nous n'aurons qu'à choisir. Et tu peux être sûr, ô prince, que ce jour-là Rome gagnera au moins trois cents nouvelles citoyennes, et elles seront nos femmes. »

« Qu'il en soit ainsi ! dit le prince Romulus. Le salut public est la suprême loi. Puisqu'il n'y a pas d'autre moyen, nous commanderons la fête, qui sera grande et magnifique, et vous conquerrez vos femmes pour en faire des citoyennes romaines, mères de vos fils. »

# ENTRACTE

# Le Romain Libéré

Fondateur : Saturne
Directeur : Jupiter
Rédacteur en chef : Mars

2 747ᵉ année
n° 8241
7 sesterces

## LES ÉCHOS
## DE LA VILLE ÉTERNELLE

*Dans nos archives, nous avons retrouvé quelques documents endommagés par le temps. À vous de restituer les mots manquants.*

### Un beau cadeau d'anniversaire

Elle n'est qu'une enfant et vient pourtant d'être promise au plus grand honneur. La princesse Rhéa Silvia sera _____ : elle gardera le feu sacré dédié à la déesse Vesta et sera vénérée plus que toutes les autres femmes. C'est ce que lui a offert son oncle _____ pour ses dix ans.

### Double coup de théâtre au palais royal

Le cœur du bon roi d'Albe ne s'était pas trompé : alors qu'il devait juger un jeune berger nommé _____, il reconnut en lui la témérité et les traits de son fils défunt. Les preuves apportées par _____ emplirent son cœur de joie. Aujourd'hui, Numitor a enfin retrouvé ses deux _____ et son pouvoir : Amulius l'usurpateur est mort sans personne pour le défendre.

### Dies irae ...

Une terrible maladie décime notre peuple. Partout on n'entend que gémissements et murmures : jusques à quand le roi _____ irritera-t-il les dieux en refusant de livrer à la justice les assassins des ambassadeurs de _____ ?

### ... Dies illa.

Ce 7 _____ où la tempête sévissait avec furie, ce jour où ciel et terre étaient dans les ténèbres, le ciel l'a emporté : la terre était trop petite pour lui. Il nous protégera, fera de nous un grand peuple et nous conduira à la tête du monde.

VIVE LE DIEU _____ NOTRE PROTECTEUR !

*Solution chap. III, VII, XXIII, XXVI.*

II

# LE ROMAIN LIBÉRÉ

## QUE LA FÊTE COMMENCE !

*Voici les affiches annonçant les programmes de trois grandes fêtes célébrées par les Romains : on vient de les retrouver déchirées en 18 morceaux. À vous de les recoller selon les consignes suivantes :*

*1) Associez horizontalement une partie droite (de A à I) à la partie gauche correspondante (de 1 à 9). Vous obtiendrez ainsi 9 blocs.*

*2) Regroupez ces blocs verticalement 3 par 3. Vous aurez enfin reconstitué les 3 affiches au complet.*

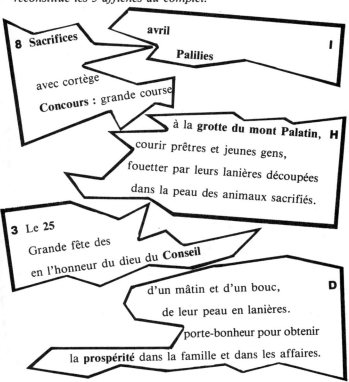

**8** Sacrifices — avril — **I**

Palilies

avec cortège

**Concours** : grande course — à la **grotte du mont Palatin**, **H**

courir prêtres et jeunes gens,

fouetter par leurs lanières découpées

dans la peau des animaux sacrifiés.

**3** Le 25

Grande fête des

en l'honneur du dieu du **Conseil**

d'un mâtin et d'un bouc, **D**

de leur peau en lanières.

porte-bonheur pour obtenir

la **prospérité** dans la famille et dans les affaires.

III

# LE ROMAIN LIBÉRÉ

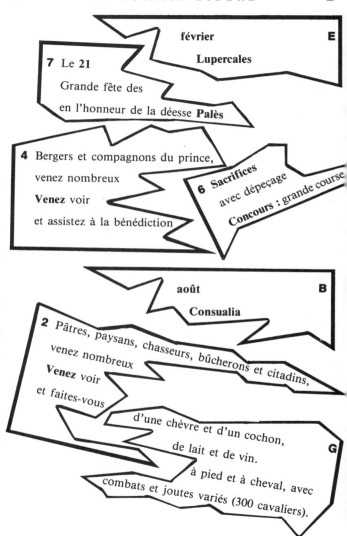

**février**  
**Lupercales** — E

7 Le **21**
Grande fête des
en l'honneur de la déesse **Palès**

4 Bergers et compagnons du prince, venez nombreux
**Venez** voir
et assistez à la bénédiction

6 Sacrifices
avec dépeçage
Concours : grande course

**août**  
**Consualia** — B

2 Pâtres, paysans, chasseurs, bûcherons et citadins, venez nombreux
**Venez** voir
et faites-vous

d'une chèvre et d'un cochon,
de lait et de vin.
à pied et à cheval, avec
combats et joutes variés (300 cavaliers). — G

# LE ROMAIN LIBÉRÉ

**1** Le **15**

Grande fête des

en l'honneur du dieu **Pan**

au **Figuier Ruminal**, **F**

poser la Pierre carrée,

du sillon sacré.

**5** Peuples voisins de Rome, venez nombreux

avec vos jeunes filles

**Venez** voir

et assistez à l'inauguration

sur la **grande place de Rome**, **C**

le premier spectacle romain,

de l'autel du dieu.

**9 Sacrifices**

avec mélange

**Concours** : grande course

par des prêtres étrusques spécialistes de **A**

l'examen des viscères,

de vestales apportant le feu sacré.

à travers des feux ardents

(15 participants).

*Solution chap. VI, X, XI, XV.*

V

# LE ROMAIN LIBÉRÉ

## AINSI VA LA VIE...

*Voici trois moments parmi les plus importants de la vie d'un citoyen romain : sa naissance, son mariage, sa mort. Chacun est entouré de coutumes et de rites précis qu'il faut respecter scrupuleusement. À vous de retrouver les devoirs successifs des participants à ces cérémonies dans la liste suivante où ils ont été mélangés (attention ! un même rite peut être commun à deux participants) :*

### À la naissance,

Le père du nouveau-né doit :
1)   2)   3)   4)   5)
6)   7)

### Lors du mariage,

Le père ou le frère aîné du marié doit :
1)   2)   3)

Le père de la mariée doit :
1)   2)   3)

Le marié doit :
1)   2)   3)

La mariée doit :
1)   2)   3)   4)   5)

### Après la mort,

Les parents du défunt doivent :
1)   2)   3)   4)   5)

VI

# LE ROMAIN LIBÉRÉ

**A** - Porter un voile sur la tête et une couronne à la main.

**B** - Verser sur la tombe du miel, du lait, du grain.

**C** - Prononcer la phrase rituelle : « Où tu es, je suis. »

**D** - Demander la jeune fille en mariage.

**E** - Porter le nouveau-né près du foyer.

**F** - Lui porter régulièrement du miel, de l'encens et du vin.

**G** - Aller chercher la mariée.

**H** - Faire la présentation aux invités.

**I** - Brûler de l'encens pour que son ombre repose en paix.

**J** - Manger la galette faite de fleur de farine.

**K** - Verser de la graisse de mouton et de l'huile sur le feu pétillant.

**L** - Aller à la rencontre du marié et l'accueillir près du foyer.

**M** - L'élever dans ses bras pour la présentation aux dieux de la maison.

**N** - Présenter l'eau et le feu du nouveau foyer à la mariée.

**O** - Verser du grain, de l'huile et de l'encens sur le feu pour se concilier les dieux du foyer.

**P** - Ouvrir le cortège derrière un homme portant la torche consacrée.

**Q** - Le transporter en lui rendant les honneurs et l'enterrer.

**R** - Chanter les prières aux divinités qui doivent le protéger.

**S** - Déclarer la jeune femme dégagée et libre pour entrer dans un nouveau foyer.

**T** - Organiser une cérémonie religieuse neuf jours après la naissance.

**U** - Ne pas toucher le seuil de ses pieds en entrant pour la première fois dans la nouvelle demeure.

**V** - Offrir à tous les invités du vin pur et du lait ainsi que la chair de la brebis sacrifiée.

**W** - Soulever la mariée dans ses bras pour franchir le seuil avec elle.

**X** - Invoquer son ombre pour qu'elle protège la maison.

**Y** - Verser de l'huile en abondance sur le foyer, de la graisse de mouton et de porc, et du grain sec pour accomplir le sacrifice traditionnel.

**Z** - Réciter les prières rituelles.

*Solution chap. XIII, XXII, XXIV.*

■     LE ROMAIN LIBÉRÉ     ■

# À LA RECHERCHE DE ...

### ... Quelques noms célèbres

*Testez vos connaissances : à l'aide des définitions, retrouvez des noms de dieux, de héros, de peuples, de lieux liés à l'histoire de la fondation de Rome et cochez-les dans la grille où ils sont mêlés. (En cas de difficulté, vous pouvez vous reporter aux pages indiquées entre parenthèses.)*

1. Surnommée la Blanche, je suis une ville fondée par un prince troyen (p. 6).
2. Fils aîné du roi de cette ville, je suis roi à mon tour mais sans pouvoir (p. 6).
3. Fils cadet, je n'ai pas le titre de roi mais j'en ai obtenu les pouvoirs par la ruse (p. 6).
4. Je suis le fondateur de Rome (p. 65).
5. À ma mort, je deviens dieu protecteur de Rome sous ce nom (p. 203).
6. Je suis le frère jumeau du précédent (p. 43).
7. Colline de Rome, je porte la citadelle (p. 148).
8. À mes pieds, le Tibre rejeta un berceau portant deux jumeaux (p. 61).
9. Alliés des Romains, nous sommes appelés les guerriers de la montagne (p. 88).
10. Au cours d'une fête, nous sommes enlevées par les Romains (p. 126).
11. Venus du Latium, nous participons aux fêtes de la fondation de Rome (p. 81).
12. Dieu de la guerre, je suis le père du fondateur de Rome (p. 90).
13. Je suis le dieu fêté lors des Lupercales (p. 45).
14. Déesse, je suis la gardienne du foyer domestique (p. 19).
15. Nous sommes les divinités protectrices du foyer (p. 177).
16. Nous sommes les divinités protectrices du garde-manger (p. 180).
17. Déesse, je chasse les mauvais rêves des enfants (p. 110).
18. Dieu de l'extase et de l'allégresse, j'ai apporté le vin aux hommes (p. 91).

VIII

# LE ROMAIN LIBÉRÉ

| N | A | P | E | N | A | T | E | S | A |
|---|---|---|---|---|---|---|---|---|---|
| U | C | A | P | I | T | O | L | E | M |
| S | U | L | U | M | O | R | I | R | U |
| A | B | A | C | C | H | U | S | O | L |
| B | A | T | S | E | V | E | U | T | I |
| I | C | I | A | S | R | A | M | I | U |
| N | S | N | I | T | A | L | E | M | S |
| E | L | A | R | E | S | B | R | U | O |
| S | A | M | N | I | T | E | S | N | U |
| L | A | Q | U | I | R | I | N | U | S |

### ... Nos ancêtres perdus

*Le fondateur de Rome, afin d'établir l'origine divine de sa dynastie, souhaite reconstituer son arbre généalogique. Le travail est presque terminé quand Éole, le malicieux dieu des vents, vient souffler sur les lettres, transformant les noms en anagrammes. À vous de les retrouver.*

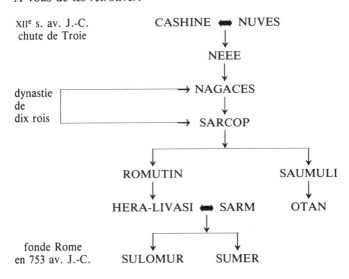

# LE ROMAIN LIBÉRÉ

## UN TRAVAIL DE ROMAIN

*Rien n'est simple dans les histoires de femmes ! Pour chacun de ces trois épisodes, retrouvez les solutions réellement adoptées.*

### Comment les femmes entrent dans Rome

*Pour assurer leur descendance, les Romains doivent se procurer des épouses. Que faire ?*

Envoyer dans les villes voisines :
- 50 jeunes gens, beaux et intelligents, pour y chercher une épouse ;
- 50 jeunes gens pour y acheter des femmes au marché aux enchères ;
- 10 ambassadeurs sages et éloquents pour persuader les pères de donner leurs filles.

Organiser à Rome :
- un grand concours de beauté sous le patronage de Vénus et kidnapper les plus belles jeunes filles ;
- une grande fête religieuse, y inviter les peuples voisins et enlever les jeunes filles.

*Mission accomplie. Mais les Sabins attaquent les Romains pour reprendre leurs filles.*

### Comment les femmes font cesser les combats

- Elles abreuvent les combattants des deux camps d'une potion magique qui leur fait tout oublier.
- Elles s'interposent entre les deux camps avec leurs enfants dans les bras.
- Elles quittent leurs maris et repartent avec leurs pères et frères.

*Tout est arrangé.*

### Comment les femmes sont récompensées d'avoir obtenu la paix

- Les hommes ne prononceront pas de paroles inconvenantes devant elles.
- Les hommes ne pourront quitter leurs épouses sous aucun prétexte.
- Les hommes seront vêtus et se comporteront décemment devant elles.
- Les hommes leur céderont le pas et le côté droit de la rue.
- Elles auront le libre contrôle des naissances dans leur foyer.
- Elles n'auront qu'un seul devoir à accomplir, celui de filer la laine, et ne feront, parmi les autres travaux, que ceux qu'elles veulent bien.

*Solution chap. XIV, XXI.*

■ LE ROMAIN LIBÉRÉ ■

# TIR À L'ARC

*À chaque poste de tir dans la colonne de gauche, vous disposez d'une seule flèche pour atteindre votre cible dans la colonne de droite ; visez bien !*

**Bestiaire**

Les vautours

Les hirondelles

Le pivert et la louve

Les loups

Des chevreaux et des agneaux

Des cochons

Une vache et un taureau blancs

Des brebis blanches

sont consultés par les augures pour connaître les volontés des dieux.

s'affairent dans les buissons près du berceau de Romulus et Rémus.

symbolisent le printemps, la naissance.

traînent la charrue de Romulus quand il délimite les fondations de la Ville carrée.

sont offertes en sacrifice au dieu Terme pour sa fête.

symbolisent la race des Hirpins ; dévorent un enfant de sang royal.

sont élevés par les parents adoptifs de Romulus et Rémus.

sont dérobés aux bergers d'Amulius par ceux de Numitor.

*Solution chap. II, VI, VIII, X, XII, XIII.*

**Les cadres de la société**

Les patriciens

Les clients

Les patrons

Les optimates

Les tribuns

initialement anciens compagnons de Romulus, ils sont riches, reçoivent des honneurs et ont de l'autorité sur les autres ; ils sont considérés comme les Pères de Rome.

conseillers de Romulus, ils sont toujours avec lui et font les lois.

riches et habiles artisans, experts dans leur métier.

subordonnés à un patron qui les protège.

chefs des trois sections de Rome.

*Solution chap. XIII, XV, XXIII.*

# LE ROMAIN LIBÉRÉ

# LES IMPASSES DU COMMISSAIRE MYTHO

*Depuis quelques mois, des affaires plus mystérieuses les unes que les autres défraient la chronique. Les plus hautes autorités font appel au célèbre commissaire Mytho. Accompagnez-le et aidez-le à résoudre ces cas difficiles.*

### Perplexité devant de curieux témoignages

Il était parti, tout frémissant, à travers les forêts touffues et sombres pour une de ces chasses qu'il affectionnait tant. À l'aube, les chasseurs ramènent son corps déchiré et sanglant à son père, le bon roi Numitor.

Accident de chasse ? Ivre de vaincre les bêtes féroces, le jeune prince a-t-il été victime de son intrépidité ?

Le vieux serviteur fidèle qui est chargé de toujours l'accompagner dans ces expéditions dangereuses garde le silence.

Pourquoi notre sage commissaire à qui Numitor, bouleversé, a confié l'enquête, tarde-t-il tant à fournir son rapport au roi ?

*Solution chap. II.*

### Quelle conclusion embarrassante !

Mais pourquoi la princesse Anto est-elle d'une humeur si douce et si sereine ? Amulius, son père, s'en inquiète : va-t-elle mettre à

exécution ses funestes desseins, elle qui, il y a quelques jours, après la condamnation à mort de sa cousine, avait fait part de sa détermination de la suivre dans la tombe ?

Le prince charge notre perspicace commissaire de faire la lumière sur l'étrange comportement de sa fille.

Pourquoi, de nouveau, celui-ci hésite-t-il à remettre son rapport ?

*Solution chap. IV, V.*

## LE ROMAIN LIBÉRÉ

### Encore une affaire non élucidée

Les habitants d'Albe sont consternés : parmi les morts relevés sur le chantier de la Ville carrée, figure le prince Rémus lui-même. Chargé de l'enquête, notre célèbre commissaire écoute toutes les rumeurs.

Qui pouvait en vouloir au petit-fils de Numitor ? Les dieux ? Pourtant on les a consultés dans les bonnes formes avant d'entreprendre les travaux. Le prince Romulus ? Personne n'oserait le supposer, surtout en voyant la pompe des cérémonies funèbres qu'il a

ordonnées pour son frère ! Célérius, un des ouvriers qui, depuis lors, a disparu ? On se perd en conjectures et notre prudent commissaire lui-même ne livre dans son rapport qu'une énigmatique formule : « AINSI PÉRISSE QUICONQUE OSERA JAMAIS OFFENSER ROME. »

Pourquoi, une fois de plus, nous laisse-t-il ainsi perplexes ?

*Solution chap. VIII, IX.*

### Enfin une réussite !

Panique à Rome : les Sabins sont dans la citadelle. Quel traître les y a introduits ? Romulus confie à notre intrépide commissaire la mission urgente de retrouver le coupable. Mytho, en toute hâte, consulte Servius, et pénètre dans le fort par un passage dérobé ; il y découvre un amas de boucliers et de bracelets d'or et d'argent, il entend les

railleries des Sabins. Il retrouve le prince Romulus et lui fait son compte rendu.

Enfin une mission accomplie brillamment et une enquête menée à terme dans les plus brefs délais ! Qu'a donc rapporté le commissaire Mytho à Romulus ?

Pourquoi a-t-il commencé par consulter Servius ?

*Solution chap. XX, XXII.*

XIII

■　　　　　LE ROMAIN LIBÉRÉ　　　　　■

## VISITE AU PANTHÉON

*Dans chacune des salles du temple ci-dessous se cache un dieu. Trouvez son nom, défini par une charade.*

1 = Les Romaines se maquillaient avec de la céruse pour l'avoir bonne.
2 = C'est ce que fait Énée sur les mers entre Troie et les rivages du Latium.
3 = Les jeunes filles en font un de chasteté lorsqu'elles deviennent vestales.
1 + 2 + 3 = Déesse de la Sagesse, elle sortit casquée et armée du crâne de son père.

1 = Les Romains considéraient la Méditerranée comme la leur.
2 = Certains malades allaient en faire une dans les sanctuaires d'Esculape.
1 + 2 = Messager aux pieds ailés, il est le protecteur des voyageurs, des commerçants et des voleurs.

1 = Les femmes qui montaient en amazone la portaient longue.
2 = Voyelle.　　　　3 = Trois fois en latin.
1 + 2 + 3 = Roi volage, il courtisa maintes déesses et mortelles ; il fut le père de nombreux héros.

1 = Privatif.　　　　2 = Fleuve qui coule en Italie du Nord.
3 = Comme un jour sans pain.
1 + 2 + 3 = Dieu du Chant, il se plaisait en la compagnie des Muses avec qui il jouait de la lyre.

1 = Celui des statues est souvent cassé.
2 = Tête de Plistinius.　　　　3 = Sesterce en argot.
1 + 2 + 3 = Roi des mers, il a un trident pour attribut.

1 = *Fortuna* en langage familier.
2 = Coutumes en latin.
1 + 2 = Déesse de l'Amour, mère d'Énée, elles est toujours la plus belle.

1 = Je possédai.
2 = Celui de Rome a pour origine celui de son fondateur Romulus.
1 + 2 = Elle est l'épouse légitime du maître du Ciel et de la Terre.

*Solution chap. IX, X.*

XIV

# LE ROMAIN LIBÉRÉ

## POUR EN SAVOIR PLUS...

### Rome avant Romulus

• Les premiers habitants de l'Italie (voir la carte)

Au IIIe millénaire av. J.-C., la péninsule italienne est occupée par des populations indigènes dites méditerranéennes, dont certaines ont subsisté, comme les Ligures au nord. Mais, à partir du IIe millénaire, des peuplades indo-européennes venues d'Europe centrale s'y

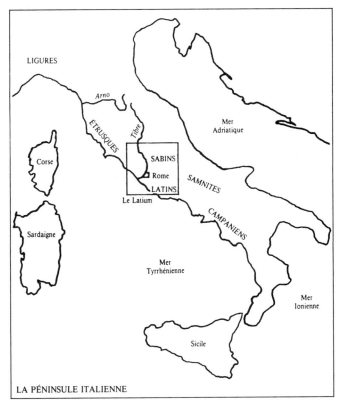

LA PÉNINSULE ITALIENNE

## LE ROMAIN LIBÉRÉ

installent ; elles apportent leurs coutumes (rites funéraires d'incinération, par exemple) et leur langue, dont sera issu le latin. On leur donne le nom d'**Italiotes** ou **Italiques**, sous lequel on rassemble divers groupes : entre autres, les **Latins** (qui tirent leur nom de leur roi Latinus, dont le Troyen Énée épouse la fille Lavinia), éleveurs et cultivateurs du *Latium*, les **Sabins**, des montagnards qui élèvent des chèvres et des moutons, les **Samnites**, dont les Campaniens qui cultivent la vigne et les céréales. À partir du VIIIᵉ siècle av. J.-C., les Étrusques étendent leur puissance au nord, tandis que les Grecs colonisent le sud et la Sicile (la Grande Grèce). Rome, avec la civilisation qu'elle va imposer par les armes, se fera le creuset de ces diverses influences.

• Les Étrusques

Appelés *Tusci* ou *Etrusci* par les Romains (leur pays gardera le nom de Toscane ou Étrurie), ils constituent un peuple prospère, à la civilisation brillante, dont les origines, comme la langue, restent encore en partie mystérieuses : autochtones ? envahisseurs indo-européens ? émigrants d'Asie Mineure ? Leur aspect physique est de type oriental (peau cuivrée et grands yeux légèrement bridés), leur art paraît fortement marqué par la Grèce. Ils fondent des villes fortifiées (Véies, Tarquinia), gouvernées par un roi qui exerce une autorité à la fois politique et religieuse.

Avant de dominer définitivement les Étrusques, les Romains commencent par assimiler bon nombre de leurs coutumes, en particulier dans le domaine religieux (voir, au chapitre X, la présence de prêtres étrusques aux côtés de Romulus lors de la fondation de la ville). En effet, les Étrusques accordent une grande importance à l'art de la divination, c'est-à-dire la lecture des présages qu'ils pensent envoyés par les dieux : les prêtres sont spécialisés dans l'observation du comportement des oiseaux (surtout leur vol) et l'examen des viscères des animaux sacrifiés ; les Romains les appelleront respectivement augures et haruspices (voir chapitre X).

### Mythe et histoire

• Le choix du site (voir la carte détaillée)

La légende fondatrice ne fait que confirmer l'importance d'une situation stratégique privilégiée, à la fois militaire et commerciale. Sept collines assurent une défense naturelle pour la ville, en même

# LE ROMAIN LIBÉRÉ

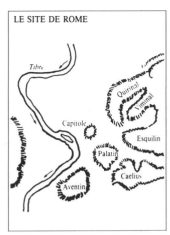

temps qu'elles éloignent ses habitants des marécages insalubres. Le Tibre, sur lequel on bâtit un pont, permet le transport des marchandises venues de la mer, dont le sel, denrée essentielle, qui fait la richesse de son estuaire où se développera le port d'Ostie. L'endroit devient rapidement un point clé des communications avec les Étrusques, guerriers et producteurs au nord, et les colons grecs de Campanie, artisans et commerçants au sud.

• Le témoignage de Tite-Live

Pour glorifier l'histoire de sa ville, Tite-Live (59 av. J.-C.-17 ap. J.-C.) en entreprend le récit, de sa fondation légendaire jusqu'en 9 av. J.-C., dans un ouvrage monumental, dont il ne nous reste que 35 livres sur 142 et qui portait le titre de *Ab Urbe condita libri* (les *Livres depuis la fondation de la Ville*). C'est à lui que nous devons les épisodes les plus célèbres rassemblés dans ce recueil, qu'il a pris soin de rapporter avec un certain esprit critique. Au moment où l'Empire d'Auguste met fin à la République, il a surtout cherché à exalter les valeurs morales qui ont fait la grandeur de Rome : le respect des ancêtres et de la patrie *(pietas)*, de la parole donnée *(fides)*, du droit *(justitia)*. Aujourd'hui, il semble que les découvertes archéologiques viennent confirmer une part de réalité dans ces événements légendaires qui font le lien entre le mythe et l'histoire.

# LE ROMAIN LIBÉRÉ

### Et si on allait au cinéma...

Vous retrouverez les épisodes les plus célèbres illustrant la naissance de Rome dans deux films diffusés à la télévision ou disponibles en vidéocassettes :

- *Romulus et Rémus*, de Sergio Corbucci (1961) : les aventures des frères qui fondèrent la Ville éternelle, de leur naissance au tracé de l'enceinte sacrée par Romulus et à la mort de Rémus. Malgré quelques fantaisies (une éruption volcanique !), le scénario reste fidèle à la tradition historico-mythique célébrée par Tite-Live. À remarquer : une intéressante reconstitution de la fête des Lupercales et de la course à travers des buissons ardents (fête des Palilies).

- *L'Enlèvement des Sabines*, de Richard Pottier (1961) : les débuts de Rome avec l'épisode mouvementé du rapt des Sabines, devenues féministes avant la lettre. À signaler : une « méchante » brune traîtresse inspirée par la légende de Tarpéia, une explication logique et pleine d'humour de la disparition de Romulus.

La Louve du Capitole, bronze étrusque (vers 500 av. J.-C.) ; les jumeaux ont été rajoutés à la Renaissance. Palais des Conservateurs (Rome).

# XV

# LA FÊTE DU CONSEIL

Le prince Romulus maintint sa promesse aux jeunes cavaliers et fit préparer la fête la plus grandiose qu'on eût jamais vue. Il envoya des messagers aux peuples voisins et les invita avec leurs femmes et leurs filles.

Les messagers disaient : « Le prince Romulus a découvert à Rome un autel très ancien et vénérable qui se trouvait caché profondément sous terre, et il l'a dédié au dieu du Conseil. Il veut inaugurer cet autel avec des fêtes solennelles [1] telles qu'on n'en a jamais vu, et il invite tous les peuples, afin qu'ils voient combien la ville de Rome est belle, forte et riche. Il y aura des sacrifices en quantité, des courses à pied et à cheval, des tournois, des combats et des joutes de cavaliers. Le prince Romulus invite tous les peuples à venir

---

1. Ces fêtes, consacrées à *Consus*, une très ancienne divinité de la végétation que les Romains considéraient comme de bon « Conseil », s'appelleront les *Consualia*.

voir ces fêtes car le dieu du Conseil est puissant et Rome est grande. »

Ainsi, quatre ans, quatre mois et quatre jours après le fameux jour du 21 avril, qui avait été celui de la Naissance de Rome, eut lieu la grande fête du Conseil.

Servius avait été chargé de diriger les préparatifs et il le fit à son honneur.

La fête devait avoir lieu sur une très grande place : tout autour se tenaient les spectateurs ; d'un côté, on avait édifié les loges réservées au prince Romulus, à ses conseillers, aux patriciens et aux autres personnages de marque. De chaque côté des loges, il y avait une enceinte destinée aux cavaliers : les trois cents se tenaient prêts à se précipiter sur les jeunes filles à un signal convenu.

Mais, sauf eux, personne ne savait rien de l'enlèvement. À Rome aussi le projet avait été tenu secret, tandis que tout le monde parlait de la fête, dans la ville et aux environs.

« Avez-vous entendu ? Les Romains ont découvert l'autel d'un nouveau dieu ! »

« Allons donc, nouveau ! Il est très vieux ! Ils l'ont trouvé sous terre : il est vieux comme le monde ! »

« C'est le dieu du Conseil ! Il y aura une grande fête pour l'inaugurer ! »

« Quelle fête voulez-vous qu'ils fassent ? Quels moyens peuvent-ils avoir ? Ce sera un spectacle pitoyable, somme toute ! »

« Pitoyable ? Je ne crois pas. Ils savent ce qu'ils font, et puis ils ne voudront pas risquer de faire triste figure : s'ils ont invité tant de gens, cela signifie qu'ils ont quelque chose de bien à leur faire voir ! »

« Cela se peut ; moi, je n'y crois pas. Mais allons-y toujours. On y verra des choses extraordinaires, selon toi ! »

« C'est la première fois qu'ils invitent des étrangers à un de leurs spectacles et vous croyez qu'ils n'en feront pas un point d'honneur ? »

« Oh, moi, pour mon compte, je n'y vais pas, et vous feriez bien de ne pas y aller non plus. La prudence est la mère de la sagesse ! » dit une vieille grand-mère sage et prudente.

Mais ses petits-enfants ripostèrent aussitôt :

« Toi, évidemment, tu veux toujours rester à la maison, et tu voudrais que les autres y restassent aussi ! Ce sera une grande fête, on s'y amusera follement, et qui sait combien on en parlera ! Ce serait vraiment dommage de ne pas y aller ! »

Dans toutes les familles des environs de Rome, on entendait de ces conversations, et presque partout les vieux, qui avaient beaucoup d'expérience et n'avaient pas envie de bouger, conseillaient de rester à la maison, tandis que les jeunes, qui avaient peu d'expérience et grande envie de s'amuser, protestaient et priaient leurs parents de les accompagner ou de leur permettre d'y aller.

Et, le jour de la fête du Conseil, beaucoup de monde se réunit sur la grande place que les Romains avaient apprêtée avec des estrades, des arcades et des guirlandes. Tout ce monde se composait principalement de jeunes gens et de jeunes filles anxieux de connaître enfin ce nouveau peuple, duquel on parlait tant.

Arrivés sur la grande place, ils aperçurent les tribunes tout ornées, disposées pour le prince Romulus et ses conseillers ; ils virent l'autel pour le sacrifice, haut élevé et très ancien, destiné au dieu du Conseil. Une palissade séparait l'enceinte des jeux de celle réservée aux spectateurs, et plusieurs cavaliers circulaient déjà ici et là, indiquant sa place à chacun et réservant les meilleures aux jeunes filles.

Le prince Romulus apparut avec ses conseillers, suivi des prêtres et des patriciens. Il se mit à la place d'honneur, tout en haut, afin d'être vu de tous, tandis que les cavaliers caracolaient sur leurs superbes chevaux.

« Par Jupiter, quels beaux garçons et quels beaux chevaux ! »

« Et les harnais sont de première qualité ! » ajouta un sellier qui s'y entendait.

« Les estrades sont faites par des gens qui connaissent leur métier ! » renchérit son voisin, qui était menuisier.

« As-tu vu le prince ? C'est certainement celui qui est assis au milieu et qui porte ce superbe manteau rouge tout garni d'or. Quel luxe ! »

« Et près de lui, qui est-ce ? »

« Ce doivent être des personnages de marque ! Voici à côté de nous un Romain qui doit le savoir. »

« Qui est-ce ? » répondit le Romain que l'on avait interpellé. « Ce sont ses conseillers, parbleu, ceux qui sont toujours avec lui et qui font les lois ; nous autres, Romains, nous les appelons les optimates [1]. Le prince fait grand cas de leur avis. Les autres, tout près d'eux, sont les patriciens, chefs eux aussi, tous amis du prince. Ils sont riches. Ils possèdent des maisons et des villas, des terres et des troupeaux. Mais ceux qui en ce moment comptent le plus sont les cavaliers. On a beaucoup travaillé pour eux ces derniers temps. On leur a fait des harnachements tout neufs et de première qualité ; je m'y entends, moi, j'ai mis les mains à la pâte ! »

« Ah ! mais comment ! Es-tu sellier, par hasard ? »

« Bien sûr, je suis sellier ; c'est mon métier ! »

---

1. Le latin *optimates* désigne « les meilleurs », synonyme du terme d'origine grecque « aristocrates ».

« Tiens, moi aussi ; quel hasard ! »

Et tous deux se mirent à parler de leur métier, de cuirs et de tannage comme de vieux amis qui se seraient retrouvés et auraient eu beaucoup de choses à se raconter.

« Hé, là-bas ! Attention. Il y a un signal et le spectacle commence ! »

« Avant le spectacle, il y aura certainement les sacrifices au nouveau dieu du Conseil. »

« Probablement. Ah oui, vois-tu là, ces prêtres tournent en rond autour de l'autel. »

« Ils portent les offrandes pour le sacrifice. »

« Oui, oui, c'est cela, une chèvre et un cochon. »

« Le sang coule sur l'autel ; voilà, ils mélangent le lait et le vin. »

« Tout à fait comme chez nous. »

« Nous n'habitons pas si loin de vous, et nos dieux sont les mêmes que les vôtres. »

« Qui sait s'ils sont tous les mêmes ! Je n'en suis pas bien sûr ! »

Le sacrifice accompli et les louanges du dieu chantées, le spectacle commença. Il débuta par une lutte entre Marc et Sixte, deux champions de premier ordre, les meilleurs de Rome.

Marc et Sixte s'avancèrent vers le public. Sixte était grand et massif, armé de muscles qui semblaient des paquets de grosses cordes ; Marc était beaucoup plus petit, mais svelte et agile.

Les deux hommes se mirent en position, prêts à l'attaque, l'un en face de l'autre, attendant le signal.

Et, au signal convenu, Sixte fondit sur Marc. On aurait dit un bloc qui se détache d'une montagne et qui se précipite avec fracas sur un chevreau et l'écrase. Il se rua sur Marc et allait l'empoigner avec ses bras puissants qui semblaient devoir le broyer, mais l'autre lui glissa par-dessous comme une anguille et apparut,

123

à côté de lui, mince et souple. Il semblait toujours que Sixte allait anéantir Marc, et chaque fois que celui-ci paraissait être déjà entre ses mains, il échappait à l'adversaire.

Finalement, Marc fit un saut rapide et imprévu derrière Sixte, le saisit par surprise, le jeta par terre et lui mit un genou sur la poitrine. Le géant se débattait et cherchait à se libérer : furibond, il essayait de se renverser pour renverser aussi l'adversaire. Et peut-être aurait-il réussi si la foule n'avait jeté un grand cri :

« C'est Marc qui a gagné ! Bravo, il a gagné ! »

« Vive le petit ! »

« Quel coup de maître ! »

« Il frétillait comme un poisson ! »

« Il s'est bien défendu ! »

« Mais l'autre aussi est courageux ! »

« Le voilà, ils le portent en triomphe ! Ses camarades l'élèvent sur leurs épaules pour le faire voir ! »

« Ils viennent de ce côté ! Bravo, vive le petit ! »

« Ils le conduisent au prince ! Qu'est-ce qu'il lui donne ? »

« Quel est le prix ? Je ne vois rien ! Ne me cache pas ainsi ! »

« Le prince lui parle, il le loue ! »

« Il lui donne une récompense. Où est l'autre ? »

« On ne voit plus ni l'un ni l'autre. On fait les préparatifs pour le second concours. »

« Qu'est-ce que le second concours ! »

« Celui des cavaliers : ce sera le plus amusant ! »

« Ils défilent tous : quels beaux garçons et comme ils se tiennent solidement en selle ! »

« Ils vont tous à gauche ! »

« Mais non, là il y a un autre groupe, et ils se dirigent de ce côté ! »

« Les voilà tous sur le qui-vive ! L'un d'eux se détache d'un groupe et un autre de cet autre groupe. »

« Ils se séparent pour le tournoi. Ils se saluent et saluent le public. »

« Quels beaux garçons, et comme ils montent bien à cheval ! »

« Ils sont beaux, ces Romains, et quelle discipline, et quels bons cavaliers ! »

« Oh ! le prince se lève et enlève sa toge. »

« Pourquoi l'enlève-t-il ? »

« Il a trop chaud ! Oh, non, voilà qu'il la remet de nouveau. Oh, dieux du ciel ! Qu'est-ce qui arrive ? Que font-ils ? »

Le prince, en effet, s'était levé et, d'un mouvement rapide, avait enlevé et remis son manteau. Ceci était le signal convenu. À ce signal, les cavaliers abandonnèrent le tournoi, galopèrent vers la palissade, l'enjambèrent et se précipitèrent au milieu des spectateurs. Ceux-ci, ahuris, abasourdis, n'avaient pas la moindre idée de ce que voulaient faire les cavaliers et qu'eux-mêmes avaient à se défendre. Les cavaliers saisirent les premières jeunes filles qu'ils rencontrèrent, les mirent en croupe sur leurs chevaux et disparurent comme des flèches.

En un instant, l'allégresse tourna en pleurs et en désespoir : les jeunes filles se débattaient en criant sur les chevaux qui s'éloignaient au galop ; surpris, les pères, les mères, les frères tentaient de courir après les captives, d'autres hurlaient, fuyaient, s'emparaient de celles qui étaient restées pour les soustraire au danger. Et de nouveaux cavaliers surgissaient, qui arrachaient les filles à leurs parents, les saisissaient comme un fardeau, échevelées et hurlantes, les mettaient en croupe et partaient comme l'éclair. Les gémissements, les hurlements, les pleurs, les cris de triomphe et d'excitation montaient au ciel avec les

125

nuages de poussière, et c'était une course effrénée, une lutte corps à corps, c'était des femmes renversées, entraînées dans la foule. De nouveaux cavaliers survenaient, allaient rejoindre les familles en fuite qui déjà se croyaient sauves, et le corps à corps devenait chaque fois plus intense et plus enragé.

Cette terrible journée prit fin ; peu nombreux furent les pères qui reconduisirent leurs filles à la maison ; les autres durent laisser les leurs à la merci des cavaliers romains.

Les pères, les mères, les frères, les fiancés, lançant des imprécations contre les Romains et leurs fêtes, et les menaçant de vengeances atroces, s'en retournèrent dans leurs pays, où ils se retrouvèrent pleurant, maudissant, se lamentant et jurant de se venger.

Et ce jour de fête fut un jour de deuil dans beaucoup de familles sabines, étrusques et latines.

# XVI

# HISTOIRE DES JEUNES FILLES ENLEVÉES

TROIS jours, trois semaines, trois mois s'écoulèrent. Les jeunes filles enlevées avaient pleuré longuement ; elles avaient déchiré leurs vêtements et s'étaient arraché les cheveux de désespoir. Puis elles s'étaient résignées. Pas de remède : il fallait accepter leur destin ou mourir. Peu à peu, elles s'étaient calmées et commençaient déjà à ne plus être aussi mécontentes. Rome était belle et grande : et après quelque temps elles s'étaient attachées aux jeunes hommes, qui les traitaient très bien. Elles retrouvaient chaque jour une nouvelle amie de chez elles, une compagne, une parente qu'elles n'auraient plus cru revoir. Elles s'embrassaient avec une joie mêlée de douleur, avec des larmes et des effusions. Elles parlaient de leurs parents et des amis lointains, se liaient d'une amitié encore plus solide que celle

127

de jadis, se racontaient leurs aventures et s'encourageaient l'une l'autre.

Ersilia, Julie, Fulvie, Silvie et Cornélie s'étaient déjà retrouvées.

Ersilia, qui avait épousé le prince Romulus, habitait une belle maison, la plus belle de Rome. Elle était très intelligente et raisonnable. Bientôt les nouvelles habitantes de Rome s'habituèrent à faire comme les anciennes, c'est-à-dire à lui demander son avis dans les cas difficiles et à suivre ses conseils.

Elles savaient qu'avec Ersilia on pouvait être tranquille : elle comprenait tout et voyait du premier coup d'œil quel était le parti à prendre ; il n'y en avait pas une parmi ses amies qui n'eût reconnu sa supériorité. Ce fut elle qui persuada ses compagnes de se tranquilliser ; il était inutile de continuer à se révolter, et il fallait s'adapter à la situation.

« Raconte-moi ton histoire, Cornélie », dit Ersilia.

Cornélie était la plus jeune des cinq et cousine d'Ersilia, qui l'aimait tendrement, comme une jeune sœur.

« Mon histoire ? Elle sera comme la vôtre, chères amies. Je me trouvais à côté de ma mère, regardant attentivement (mon père n'avait pu nous accompagner et nous étions venues avec notre oncle) ; je regardais donc attentivement le tournoi des cavaliers ; vous vous rappelez, le blond avait dirigé la pointe de sa lance contre la poitrine de son adversaire et son cheval se dressait sur ses pattes de derrière... »

« Oui, c'était un moment très émouvant ! » dirent ensemble Clélia et Julie.

« Et vous imaginez combien je faisais attention à ce qui se passait autour de moi, quand je vois tous les cavaliers qui s'élancent à bride abattue de mon côté. Au premier moment, je ne comprends rien : il était impossible de s'imaginer qu'ils auraient fait une chose semblable ! »

« Et surtout par surprise ! Tout à coup, je me trouvai en croupe sur un cheval avant d'avoir compris qu'on voulait m'emporter ! » dit Clélia.

« Moi aussi ! Ce fut un éclair ! Ils escaladèrent la palissade comme si c'était la course aux obstacles ! »

« Et puis ne nous avait-on pas mises devant tout le monde, sous prétexte de nous donner les meilleures places ? »

« Mon père et mon oncle, qu'ont-ils fait ? Je n'en sais rien, je ne les ai plus vus ! Je me sens prise par la taille, soulevée, mise en croupe sur un cheval et partir au galop. Je cherche à me défendre, je me débats pour me dégager et sauter en bas ! Ah oui ! celui qui me tenait était cent fois plus fort que moi, et le cheval courait comme le vent. En un instant, nous voilà arrivés devant une maison. Le cavalier s'arrête et descend ; il donne la bride à un autre et me porte dans la maison. Je me débats plus que jamais, je me jette par terre, je pleure, me désespère et le supplie de me laisser partir. Lui tâche de me calmer, de me tranquilliser, me dit que tout s'arrangera, qu'il fera tout ce que je voudrai, que je n'ai qu'à commander. ''Ramène-moi à la maison, ramène-moi donc tout de suite à la maison ! — Tout, excepté cela, dit-il, je ne peux pas faire cela, par ordre de mon prince !'' Et je pleurais et me désespérais. Je me blottis dans un coin par terre et pleurai tout le jour et toute la nuit. On m'offrit de bonnes choses à manger, mais je ne voulus rien prendre. »

« Moi non plus, moi non plus », dirent Clélia et Julie.

« Et puis ? » demanda une autre jeune fille.

129

« Ramène-moi à la maison... »

« Et puis… comme vous aussi. Il fallait ou se laisser mourir ou se résigner ; et mon ravisseur n'était point méchant. Il me promettait tant de choses, qu'il m'aimerait et ne me laisserait jamais manquer de rien. Il a tenu sa promesse. Il est bon et plein d'attentions de toutes sortes envers moi ! Je pense encore toujours à mon pays et je désire revoir les miens, mais je voudrais que mon mari m'accompagnât, je ne voudrais plus retourner seule. »

« Moi non plus ! » dit Julie.

« Moi non plus ! » dit Clélia.

« Et toi, Fulvie ? » demanda Ersilia.

Fulvie était la plus belle : grande, majestueuse, elle avait les yeux noirs, le visage rose et des cheveux d'un blond doré.

« Je ne fus pas enlevée immédiatement, mais après, tandis que je m'enfuyais avec mon père et que je croyais déjà être en sécurité. Je me sens empoignée par deux bras de fer, renversée sur les épaules de quelqu'un et emportée ; il courait au galop vers la ville, celui-là. Tout à coup, j'entends des gens qui crient : ''Non, pas pour toi, pas pour toi ! Elle est trop belle !'' Et voilà qu'ils essaient de m'arracher à mon ravisseur. Il y eut une espèce de mêlée ; j'étais à moitié évanouie, je me sentais comme une victime portée au sacrifice et ne comprenais rien. ''Elle n'est pas pour moi ! crie tout à coup celui qui me tenait sur les épaules. Elle n'est pas pour moi, elle est pour Talassius !'' Alors, les autres se calment. ''Bien, bien, par Jupiter ! Pour Talassius ! Elle est la plus belle et elle doit être au plus beau !'' Ainsi criaient-ils en me portant à la maison de Talassius. Je fus laissée là-bas, et Talassius, comme vous le savez, est mon mari maintenant, et j'ai eu de la chance dans le malheur, car je ne pourrais désirer de meilleur mari que Talassius. Oui, j'aimerais retourner à la maison, chez les miens, mais avec lui. Et toi, Ersilia ? »

« Moi, j'ai été transportée chez le prince Romulus. Je n'étais pas la seule ; nous y avons bien été une vingtaine. Je n'en connaissais pas une. Mais dans des moments pareils on est toutes sœurs et je me sentais le devoir de protéger mes compagnes qui pleuraient, les pauvres, qui hurlaient, qui s'arrachaient les cheveux et se roulaient par terre. Comme vous savez, il est rare que je perde mon sang-froid, et, heureusement, je ne le perdis pas non plus cette fois-là. Je ne sais comment j'ai réussi ; peut-être parce que je voyais le désespoir des autres. Je voulais me rendre compte de ce qui se passait, pourquoi nous nous trouvions là. Qu'allait-on faire de nous ? Je vis entrer le prince Romulus. Je le reconnus tout de suite parce que je l'avais bien vu quand il était sur la tribune parmi les patriciens, et puis il n'était pas habillé comme les autres. Je vais à sa rencontre et lui dis : ''Prince, nous voilà entre tes mains. Nous sommes des femmes faibles et tu feras de nous ce que tu veux, mais j'ai confiance en toi : je crois que tu ne voudras pas traiter brutalement de pauvres jeunes filles qui te supplient de les épargner.'' Il répondit : ''Qui es-tu ? Tu parles bien et tu me plais !'' Je lui dis qui j'étais et lui nommai mon père. Il m'assura qu'on ne me ferait pas le moindre mal ni à moi ni à mes compagnes, que je pouvais être tranquille et rassurer les autres. De la sorte, je me trouvai tout naturellement à la tête du groupe de jeunes filles qui me chargeaient de parler au prince chaque fois qu'il était nécessaire. Et lui m'envoyait chercher chaque fois qu'il voulait savoir quelque chose. Enfin j'épousai le prince Romulus. Il me choisit comme épouse parce qu'il disait que j'étais sage et intelligente. »

« Il a raison, il a raison, il a bien choisi, tu es la meilleure de nous toutes ! » s'écrièrent en chœur les compagnes d'Ersilia, grandes admiratrices de leur jeune amie.

« Il faut bien reconnaître que notre sort n'est pas mauvais. Les hommes d'ici ne sont pas plus méchants que ceux que nous aurions trouvés dans nos pays ; au contraire, ici nous sommes même plus appréciées parce que nous avons été désirées et qu'ils ont vu comme on est mal sans nous ! Si nous pouvions revoir nos parents, nos frères et sœurs, moi, je dis que nous vivrions heureuses aussi à Rome. »

« On y serait bien, oui, mais ces hommes sont quand même un peu plus rudes que les nôtres ! » dit la blonde Silvie en rougissant.

« Peu à peu nous les rendrons meilleurs ; il faut prendre patience ! » dit Ersilia pour la réconforter.

Chaque jour, les jeunes femmes se rasérénaient davantage, mais leurs parents ne trouvaient pas la paix. Ils voulaient de nouveau leurs filles, ils les voulaient à tout prix ! Et dans le pays des Sabins, les hommes se réunirent pour délibérer. Le père d'Ersilia, homme sage et plein d'autorité, respecté et écouté, parla le premier.

« Mes amis, nous sommes réunis pour trouver un remède à l'indigne trahison dont nous avons été victimes. Les Romains nous ont ravi nos filles en violant les lois de l'hospitalité. Nous sommes allés chez eux avec confiance... »

« Avec confiance, non, à vrai dire, dit un père. Je ne m'imaginais pas une chose semblable, mais ils avaient trop souvent demandé nos filles en mariage et nous avons été naïfs de les envoyer à Rome ; nous n'aurions pas dû y consentir. »

« Et maintenant, nous les voulons de nouveau. »

« Bien sûr ; c'est pourquoi nous sommes ici ! » reprit le père d'Ersilia. « Qui a un moyen à proposer, un conseil à donner ? »

« Guerre aux Romains ! » dit l'un.

« Eh oui, ce serait juste. Mais n'oublions pas que nos filles sont là-bas, entre leurs mains, qu'ils les ont pour ainsi dire en otages, qu'ils peuvent se venger sur elles, les tuer, les massacrer... Non, nous ne pouvons faire ça ! »

« C'est juste ! » dit un vieillard qui avait trois petites-filles à Rome. « Nous devons chercher les moyens amicaux. Envoyons des ambassadeurs au prince Romulus, prions-le de nous renvoyer les jeunes filles et promettons-lui des pactes d'alliance et d'amitié, et des mariages en règle avec nos filles ! »

« On verra, c'est ça, et entre-temps envoyons les ambassadeurs. »

« Et quand on les aura, alors on verra ! »

Il fut fait ainsi. Trois ambassadeurs sabins partirent pour Rome et se présentèrent devant le prince Romulus.

« Prince, nous t'offrons la paix et l'amitié. Rends-nous nos filles et nous te promettons une alliance et des mariages en règle avec elles. Nous ne voulons pas te faire de mal, ni à toi ni aux tiens : désormais, nous sommes liés avec ta ville et nous désirons son bien, qui est aussi le nôtre. Rends-nous donc nos filles et devenons bons amis. »

« Bons amis ? Nous aurions pu rester bons amis, si vous m'aviez cédé vos filles quand je vous les ai demandées et redemandées. Maintenant, il est trop tard. Nous avons conquis les femmes et elles sont romaines désormais. Nous ne pouvons vivre sans elles et, du reste, c'est vous qui nous avez obligés de les ravir. Si vous voulez venir à Rome, vous serez les bienvenus, mais les femmes sont nôtres et nous ne les rendrons jamais. Nous sommes forts, nous saurons les garder, nous saurons les défendre ! Venez donc les reprendre si vous voulez ! »

Ainsi parla Romulus aux ambassadeurs des Sabins quand ceux-ci vinrent redemander leurs filles.

# XVII

# LA PREMIÈRE GUERRE DE ROME

EN ce temps-là, il y a plus de mille et même plus de deux mille ans, quand les Romains ravirent les femmes des autres peuples pour en faire leurs épouses et en avoir des enfants, en ce temps-là, un peuple qui se nommait les Céniniens vivait non loin de Rome.

Les Céniniens étaient forts ; ils avaient un roi, Acron, qui était très hardi et valeureux dans les choses de la guerre.

Le roi Acron vit son peuple en pleurs qui revenait de Rome ; c'étaient les hommes et les vieilles femmes qui revenaient ; les jeunes filles — la fleur de la ville — n'étaient pas avec eux.

« Qu'en avez-vous fait, où les avez-vous laissées ? » demanda le roi Acron.

« Les Romains nous les ont volées, oui, ils nous les ont volées ! »

« Ils semblaient un ouragan, la furie d'une tempête ! »

« Ils se sont jetés sur nous, qui étions sans armes, et ils nous les ont enlevées ! »

« Nous ne les verrons jamais plus, nous ne les aurons jamais plus ! »

« Elles étaient toute notre joie, notre unique consolation ! »

« Hélas ! quel malheur ! hélas ! hélas ! »

« Il faut les réclamer, il faut les reconquérir ! Aide-nous, ô roi, toi qui es grand, sage, fort, valeureux ! Toi qui es notre défenseur, toi qui es notre espoir, aide-nous ! »

Ainsi criaient, hurlaient, se lamentaient les pères et les mères des jeunes filles ravies, tous en pleurs autour du roi ; et, au milieu de ces pleurs, on entendait, plus fortes que tout le reste, les imprécations féroces des fiancés.

« Racontez-moi, racontez-moi donc ce qui s'est passé, mais de façon que je puisse comprendre quelque chose. Pas tous à la fois ! Voici : toi, Acilius, et toi, Régius, restez ; que les autres rentrent chez eux. Nous les punirons, ces traîtres infâmes, nous les punirons, je vous le promets ; vos filles vous reviendront, je vous le garantis, ou je ne serai plus votre roi ! Allez à la maison ; on fera l'impossible ; je n'aurai ni repos, ni paix jusqu'à ce qu'elles soient revenues parmi nous ! »

Acilius, Régius et quelques autres habitants restèrent, ainsi que Volumnius, le cousin du roi, que celui-ci tenait en grande estime pour sa sagesse.

Acilius, Régius et les autres qui avaient été témoins de l'enlèvement, racontèrent ce qui s'était passé : l'un disait qu'il y avait eu cent cavaliers, l'autre disait qu'il y en avait eu mille, armés jusqu'aux dents, d'une force prodigieuse, et tous disaient qu'il fallait envoyer sur-le-champ des ambassadeurs à Rome pour réclamer les jeunes filles.

« Il ne fallait pas les y envoyer, dit Volumnius. J'ai été si méfiant que ma fille à moi n'a pas quitté la maison, ces derniers jours. Certes, je dois avouer que je n'aurais jamais imaginé une chose pareille, mais je sentais bien qu'il y avait quelque tromperie là-dessous. Nous savions qu'ils étaient sans femmes ; ils nous les avaient demandées et redemandées, nous n'avions jamais voulu les leur donner ; devions-nous vraiment les leur amener ? Il fallait s'attendre à quelque chose, et ce qui est arrivé ne m'étonne point. Je ne dis pas qu'ils aient bien fait, mais ils ont agi en désespérés qu'ils étaient. Et je vous dis que nous pouvons leur envoyer des ambassadeurs tant que nous voudrons : les femmes, ils ne nous les rendront pas, ils ne les rendront pas, ils ne les rendront pas ! »

« Si bien que, selon toi, il est inutile d'essayer d'user de douceur ! »

« Tout à fait inutile ! Une forte troupe, voilà tout ce qu'il faut ! Battons-les tout de suite, parce que, moins on attend, mieux cela vaut ! Ou bien, renonçons à nos femmes, et résignons-nous à ce qu'elles soient citoyennes romaines. »

« Ah ça non ! ils veulent la guerre ? Faisons la guerre ! Exterminons-les tous, et montrons à ces gens que de semblables friponneries ne sont pas supportables, et que c'est autre chose de ravir des femmes pendant une fête, et autre chose aussi de combattre une troupe comme la nôtre, composée d'hommes bien armés et bien disciplinés ! »

Ayant décidé ainsi, le roi Acron rassembla ses troupes pour marcher contre Rome.

Le prince Romulus, alors, battit le rappel de ses cavaliers, des capitaines et des miliciens, bref de tous ceux dont il pouvait disposer.

« Romains, c'est la première fois que nous serons en état de prouver notre force. Si nous sommes victorieux, Rome sera sauvée et aura un avenir glorieux ; si nous sommes battus, ce sera le dernier jour de Rome et l'extermination de nous tous. Mais je suis sûr que nous vaincrons : je vous le promets, ô Romains. Je connais votre force et votre courage, et je sais que les dieux ont prédit à Rome une vie longue et glorieuse. Le sort de Rome est entre vos mains aujourd'hui ! Que chacun fasse donc son devoir et combatte jusqu'au bout pour le salut de la patrie, pour le salut de Rome ! »

« Nous irons jusqu'au bout, pour toi et pour Rome ! » crièrent les soldats.

L'armée des Romains et celle des Céniniens se trouvèrent bientôt l'une en face de l'autre. Et à la tête des deux armées, les deux chefs se tenaient, droits et fiers.

Le roi Acron parla le premier.

« Ô prince Romulus, je suis Acron, roi des Céniniens. Mon peuple est aussi ancien que le monde, et personne ne l'a jamais battu. Nous voulons venger nos femmes qui ont été enlevées. Nous voulons vous exterminer tous ; personne, demain, ne se souviendra de Rome, née d'hier, mais le nom des Céniniens et de leur roi sera célèbre à travers les siècles ! »

Ainsi parla Acron, roi des Céniniens. Le prince Romulus lui répondit alors :

« Ô roi, ton peuple est ancien, mais demain il aura disparu. Le mien est jeune, mais demain il sera grand. Cependant ne crois pas que je suis moins

139

noble que toi : si ton peuple est aussi ancien que le monde, ma famille est plus ancienne que le monde, car je descends d'Énée, fils de Vénus, fils d'une déesse, comprends-tu ? Dans les temps anciens, Énée vint de lointains pays[1] vers ces plages italiques, et je descends de lui. J'accepte le défi et je défends Rome ! »

Ainsi parla le prince Romulus. Mais, avant de se lancer dans le combat, il adressa une prière aux dieux :

« Ô toi, grand Jupiter, père des hommes et des dieux, écoute ma prière. La vie de Rome dépend de cette journée. Protège Rome en ce jour, suprême Jupiter, père des hommes et des dieux. Si je bats le roi Acron, ses armes seront tiennes, elles te seront vouées, ô Jupiter, dans un grand temple que je ferai élever et qui portera ton nom dans les siècles à venir. »

Le prince Romulus se jeta de toute sa force contre Acron, le roi puissant que tous craignaient. Mais Romulus ne le craignait point : persuadé qu'il était, lui, le salut de Rome, il se sentait animé d'un courage invincible.

Le roi Acron ne put résister. Il fut emporté par cette force, jeté à terre, écrasé, tué. Et le prince Romulus le dépouilla de ses armes.

Puis Romulus dit aux soldats : « Entrez dans la ville des Céniniens et ne faites aucun mal aux habitants. Mais brûlez les maisons, brûlez toutes les maisons, sauf celles qui appartiennent aux parents des jeunes filles que nous avons enlevées. Laissez la vie à tous les habitants, traitez-les même amicalement,

---

1. De Troie (voir la note 2, p. 90).

et amenez-les à Rome, afin qu'ils deviennent citoyens romains. »

Ainsi parla le prince Romulus en conduisant ses soldats vers la terre des Céniniens après sa première victoire.

# XVIII

# HISTOIRE
# DU PRINCE VICTORIEUX

APRÈS la mort du roi Acron, les cavaliers et les miliciens romains entrèrent dans la ville des Céniniens et les trouvèrent en pleurs.

« Nous sommes ruinés, nous sommes perdus, c'est la fin !

« Nous deviendrons des esclaves !

« Nous serons emprisonnés et traités comme des bêtes de somme !

« Personne ne nous protégera plus !

« Notre roi n'avait encore jamais été battu, et nous le croyions invincible !

« Maintenant il est mort ! Nous sommes perdus, perdus, perdus !

« Hélas ! Nous serons les esclaves des Romains ! Que nous sommes donc malheureux ! »

« Esclaves ? Mais non, vous ne deviendrez point esclaves ! Vous retrouverez vos filles et vos sœurs à Rome, vous verrez comme elles sont contentes d'être devenues citoyennes romaines. Elles vous feront fête, elles vous aideront, vous serez heureux avec elles à Rome, et vous serez de libres citoyens comme par le passé ! Quant à votre roi, personne n'avait pu le battre, mais si le prince Romulus l'a tué, c'est bien une preuve qu'il était encore plus fort que lui, et quand vous connaîtrez le prince Romulus, vous verrez qui il est, comme il pense au salut de son peuple, comme il le protège, et vous verrez quelle chance c'est de l'avoir comme chef, et d'être citoyen romain sous ses ordres !

« Quand vous viendrez à Rome, vous serez traités absolument comme nous, sans aucune différence, vous pouvez en être tout à fait sûrs. Le prince Romulus nous a chargés de vous le dire. Vous serez nos égaux et respectés de toutes manières, vous serez de vrais et réels citoyens romains. Des esclaves ? Il n'en est pas question. Rome a besoin de familles libres, elle ne veut pas d'esclaves !

« Vous pourrez exercer vos métiers, continuer vos affaires comme ici, et personne n'osera vous créer le moindre ennui. N'êtes-vous pas les parents et les frères de nos femmes ? N'êtes-vous pas nos parents ? Évidemment, il vous faut venir avec de bonnes intentions, sinon nous devrons vous y obliger, mais quand vous serez à Rome et que vous vivrez sous nos lois, vous comprendrez ce que cela veut dire d'être protégé par un prince vraiment sage et fort, et vous deviendrez riches et puissants comme nous ! »

Ainsi parlaient les soldats romains, selon l'ordre qu'ils avaient reçu, et ils ne faisaient de mal à personne, au contraire ils respectaient les habitants. L'un d'eux, un certain Caius, qui avait épousé la fille d'un des principaux habitants de la ville, se fit même conduire chez son beau-père, lui parla de sa fille et lui apporta de si bonnes nouvelles, de si affectueux messages que le pauvre père fut tout à fait consolé.

Ils brûlèrent toutefois les maisons, parce qu'ils en avaient reçu l'ordre. Et le peuple des Céniniens resta sans abri. Des seuls parents des jeunes filles enlevées on laissa les demeures intactes. Mais eux non plus ne voulurent pas rester dans leur ville. « Que ferions-nous ici, seuls au milieu de cette désolation ? Allons au moins là où sont nos filles ; ici tout est misère, ruine, désolation ! »

C'est ainsi que le peuple des Céniniens émigra en masse à Rome. Il se construisit des maisons neuves et y habita, peupla les rues de Rome et remplit les temples. Il y eut de nouveaux meuniers, de nouveaux tisserands, des serruriers, des menuisiers, des marchands d'huile et de vin, de nouveaux propriétaires de champs et de bétail, des éleveurs de bœufs et de chevaux.

Tous ces gens vinrent à Rome et ce furent les soldats romains qui les y accompagnèrent. La chose se passa ainsi :

Quand les habitations des Céniniens eurent été détruites, et que le peuple vit qu'il ne pouvait faire autrement que d'accepter l'hospitalité que Rome lui offrait, parce que toute résistance eût signifié la ruine complète, alors les soldats romains, de concert avec les familles des Céniniens, se rassemblèrent dans un immense camp où le prince Romulus les disposa en bon ordre pour les mener à Rome. Il les y conduisit lui-même, car il voulait que l'entrée en ville des soldats et du peuple fût faite en bon ordre, au pas de marche, et il les conduisit, chevauchant à leur tête.

Ce fut un spectacle grandiose.

Tous les habitants étaient devant leurs portes : les vieillards, les femmes, les hommes non valides voulaient souhaiter la bienvenue aux vainqueurs et voir les Céniniens qu'ils ramenaient à Rome. Anxieuses, agitées, les femmes des Céniniens devenues romaines, s'étaient placées devant. Les autres, naturellement, étaient plus calmes.

« Est-ce que mon père y sera ? Et ma mère, et mes petites sœurs ? Dieux du ciel, faites qu'ils y soient, faites que je les voie ! »

Ainsi pensaient, ainsi parlaient les femmes des Céniniens, devenues citoyennes romaines.

Voici qu'on entend le piétinement, régulier et mesuré, d'innombrables chevaux ; les cavaliers s'avancent ; l'armée approche, l'armée arrive.

« Ils sont là, ils sont là ! »

« Les voilà ! »

« Mais qu'est-ce que c'est que cela ? »

« Est-ce un arbre qui s'avance ? »

« Quelle idée, un arbre ! Ce sont des armes ! Tu vois comme elles brillent et jettent des éclairs ! »

« C'est le prince Romulus à cheval ! »

« C'est un arbre ! »

« Il le porte sur les épaules, cet arbre ! »

« Il le porte, lui ? Par Jupiter, tu as raison ! »

« Mais ce n'est pas un homme : c'est un dieu ! Aucun homme ne pourrait avoir une force aussi prodigieuse ! »

« C'est un dieu, sans aucun doute ! »

Les cavaliers arrivaient à l'avant-garde de l'armée et le prince Romulus chevauchait devant tous. Son cheval était très grand ; lui-même, couronné de lauriers, portait sur les épaules une immense branche de chêne, et accrochées en bon ordre à la branche, on voyait les splendides armes d'Acron, roi des Céniniens. Perché sur son cheval, fier et souriant, les yeux brillants, entouré du scintillement de ses armes et de celles du roi vaincu, le prince Romulus semblait vraiment un dieu, sûr protecteur des peuples

*... lui-même, couronné de lauriers, portait sur les épaules une immense branche de chêne...*

qui venaient à lui, vainqueur impitoyable de ceux qui se révoltaient ; et les Romains le regardaient passer, en l'admirant, en s'exaltant, en criant et l'acclamant.

« Salut ! Gloire ! Gloire au victorieux, gloire au prince Romulus ! »

Au milieu des acclamations, le prince Romulus s'avançait, joyeusement ; les cavaliers, joyeux aussi, le suivaient, et après eux venait la milice. Au milieu des miliciens venait le peuple des Céniniens, la tête basse ; il y avait des familles entières, les hommes affligés, les femmes en larmes, qui donnaient la main aux enfants, pleurant aussi à leurs côtés.

« Père ! Maman ! »

Le cri aigu d'une femme fit lever la tête aux Céniniens qui passaient. Le cri se répéta.

« Père ! Maman ! Je suis ici ! C'est moi ! »

Une jeune Romaine s'était détachée des autres et s'était lancée vers les soldats et les prisonniers. Une femme et un homme âgés, et deux fillettes se retournèrent, reconnaissant la voix.

« Me voilà, c'est moi, Métella ! Papa, maman, je vous ai retrouvés ! »

Le père, la mère et les petites sœurs de Métella sortirent de la file des vainqueurs et des vaincus et ce furent des embrassements bruyants et attendris, des pleurs de douleur, de joie et de consolation. Puis la petite famille se mêla au peuple joyeux et suivit la jeune femme à la maison, où elle fut bientôt rejointe par le mari de Métella.

D'autres pères, d'autres mères, d'autres frères retrouvaient leurs filles et leurs sœurs. Le chagrin trouvait un peu de réconfort et les sourires éclairaient les larmes.

Le prince Romulus marchait toujours. Il chantait maintenant un hymne de victoire, et les soldats chantaient aussi, au milieu de la jubilation du peuple de Rome.

« Jupiter, tu nous as protégés, nous avons vaincu et Rome est sauvée. Nous te rendons grâces, ô Jupiter, notre père !

« Nous te rendons grâces ! » chantaient en chœur les soldats.

Et quand le prince Romulus fut arrivé à la cime de la colline du Capitole [1] (là où se trouve maintenant le palais du Capitole), il déposa la grande branche de chêne au pied d'un très vieil arbre, et aidé des prêtres, il traça les lignes d'une enceinte carrée, tandis que le peuple chuchotait à mi-voix.

« Comme il est beau, comme il est grand, notre chef ! » disaient les soldats.

« Pendant la bataille il semblait être le dieu Mars ! »

« Quand il est là, la victoire est assurée ! »

« Les dieux le protègent et l'aiment ! »

Les soldats et le peuple regardaient avec respect le prince Romulus, les prêtres et les patriciens. Ils se sentaient protégés par une force invincible ; ils sentaient aussi qu'ils faisaient partie de cette force, et ils étaient fiers de la servir.

Pendant ce temps, le prince Romulus, avec les prêtres, avait tracé les marques d'un enclos carré.

« Jupiter, ô Père, veille sur Rome, rends-la grande et forte ! »

« Veille sur Rome, rends-la grande et forte ! » répétaient les soldats et le peuple.

Puis ce fut de nouveau le silence. Et au milieu de ce silence, le prince Romulus parla d'une voix claire

---

1. Le Capitole, l'une des sept collines de Rome, constitue la citadelle et le centre religieux de la cité où se dressera le temple — en fait d'origine étrusque — dédié à Jupiter « Capitolin ».

et sonore, de façon à être entendu de tous, et dit à ses soldats :

« Jupiter Férétrien [1], dieu des trophées, toi qui as protégé Rome dans sa première et terrible épreuve, accepte et agrée ces armes royales que moi, vainqueur, je t'offre aujourd'hui. Ici, sur cette terre sacrée, près de cet arbre sacré, s'élèvera un temple qui te sera dédié, ô dieu des victoires. Ici ont été établis aujourd'hui les bornes et les tracés des fossés sur lesquels surgiront les murs du temple, et le temple accueillera les dépouilles des rois que les Romains battront dans les années à venir et qu'ils t'offriront, selon l'exemple que ton fils Romulus leur donne aujourd'hui.

« Mais toi, Jupiter Férétrien, dieu des trophées et des victoires, protège Rome et les Romains, rends-les grands et forts, et capables de respecter les lois que ton fils Romulus leur donnera pour le bien de Rome et des Romains ! »

Ainsi parla le prince Romulus aux Romains, en ce jour de triomphe qui fut le premier triomphe de Rome. Et les habitants et toute l'armée, criant très fort, répétèrent l'invocation.

« Puissant Jupiter, Jupiter Férétrien, dieu des trophées et des victoires, protège Rome et les Romains, rends-les grands et forts, capables de respecter et d'observer les lois de la patrie et de porter avec honneur le nom de Rome dans le monde ! »

_____

1. Épithète de Jupiter, littéralement : « celui qui remporte les dépouilles » des ennemis vaincus.

# XIX

# HISTOIRE DU PETIT LICINIUS

E fils de Servius et de Syra était maintenant un enfant grandelet. Il parlait, marchait et travaillait. Mais oui, il travaillait. C'était un robuste petit garçon de quatre ans, qui croyait aider beaucoup son papa et prenait des airs très affairés. Il faisait souvent les commissions pour les grandes personnes, et parfois, après avoir bien travaillé à sa façon à l'atelier de son père, il allait trouver sa maman à la maison.

« Maman, je suis fatigué, j'ai beaucoup travaillé et j'ai faim », disait-il en se donnant un air important de grande personne, la tête haute, en croisant les bras et se plantant sur ses petites jambes musclées qui sortaient de sa courte tunique de laine.

Il tenait beaucoup à posséder quelque objet qui fût vraiment à lui, et les rognures de bois que son père lui donnait le rendaient heureux. Et voilà que, chose inouïe, qui le remplit de joie, son père lui fit cadeau, dans le potager, de deux ceps de vigne, qui portaient cinq grappes vertes, à condition toutefois de ne pas les manger avant qu'elles fussent bien mûres. Tout rayonnant de joie, il le raconta à son oncle Plistinius, quand celui-ci vint les voir pendant les grandes chaleurs du mois d'août.

« Regarde, mon cher oncle ! Ils sont à moi ! Il y a cinq grappes ! Tout ce raisin est à moi ; tu ne dois pas en manger, tu sais ! »

« Je n'en mangerai pas, n'aie pas peur ! Ah ! à propos : sous peu, il y aura les vendanges. Mais je ne t'inviterai pas, parce que tout ce raisin-là est à moi, et que tu ne dois pas en manger ! »

Le bambin ne répondit pas et devint un peu pensif tout en trottinant auprès de son oncle. Puis il retourna regarder ses ceps.

« Oncle, quand mon raisin sera mûr, je ne veux point garder le tout pour moi, tu sais ! Je veux t'en donner. Je t'ai dit de ne pas en prendre parce qu'il est encore trop vert et qu'il pourrait te faire du mal. Mais quand il sera mûr, tu pourras en avoir. Un peu seulement, pas tout, n'est-ce pas ? »

« Entendu ! Et quand il y aura la vendange, je t'inviterai et tu pourras manger autant de raisin que tu voudras. »

Le petit fut satisfait, mais préféra changer de conversation.

« Regarde, voilà maman qui sort le pain du four. J'y vais. » Il y courut, en effet, de toutes ses petites jambes nues et dures afin d'aider à défourner. Il avait l'habitude de cette besogne, et l'odeur du bon pain chaud lui plaisait. En outre, il avait toujours un peu d'espoir que, si sa mère faisait cuire un gâteau à l'huile, et s'il avait été sage, elle en couperait un petit morceau et le lui donnerait.

Voici le beau pain brun, tout chaud et croquant ! Avant d'aller au four, c'était une pâte blanche et molle. Qui aurait pu la manger ? Mais le feu l'a transformée et lui a donné une saveur et une odeur toutes nouvelles ! Le feu est un don des dieux et le grain aussi ! Il faut apprendre à remercier les dieux des dons qu'ils nous offrent et le petit Licinius n'a pas manqué de l'apprendre. Sa mère le lui a enseigné souvent. — Voilà que Syra a extrait tous les pains du four et, un à un, elle les remet à son fils pour qu'il les dépose sur la planche qu'elle a préparée tout exprès ; puis en dernier lieu — pourquoi en dernier ? — elle avait dû le cacher dans un petit coin — elle prend un grand gâteau léger, tout luisant d'huile.

« Un petit morceau pour moi, maman ? »

« D'abord, il faut penser au dieu du foyer, Licinius. »

Et elle donne au petit garçon une tranche de la galette, la plus grasse et la mieux cuite.

Alors, plein de respect, Licinius s'approche du foyer dont Syra ne laisse jamais éteindre le feu, et il y jette le morceau de galette. Au contact de l'huile, le feu grésille, et la flamme s'élève, rouge et flamboyante.

« Protège notre demeure et ceux qui y vivent ; rends prospères nos jours et nos actions, et que nos fils et les fils de nos fils continuent à t'honorer dans les jours à venir comme nous le faisons aujourd'hui ; que la famille vive longtemps dans l'avenir, ô feu sacré ! »

Ainsi priait le petit Licinius, répétant les paroles que son père prononçait toujours et qu'il lui avait enseignées.

Mais la famille de Servius et de Syra ne devait pas vivre longtemps dans l'avenir. Aucun autre enfant ne naissait, bien que désiré avec tant d'ardeur ! Servius pensait qu'il aurait bien pu donner de l'ouvrage à dix ou quinze fils, tant cette affaire prospérait et devenait chaque jour plus importante et tant les commandes affluaient de tous côtés. Mais il n'avait pas d'autre fils que Licinius. Heureusement que ce dernier était grand et fort, et qu'il perpétuerait la famille dans cette ville de Rome déjà toute grouillante d'enfants qui remplissaient les rues d'une vie nouvelle avec leurs cris et leurs jeux !

Ainsi pensaient Servius et Syra en invoquant les dieux du foyer et en regardant leur petit garçon qui, blanc et rouge comme une pomme mûre, gambadait de la maison à l'atelier.

Pauvre Servius, pauvre Syra ! Ce fils si robuste, si bien planté, n'atteignit même pas l'époque des vendanges. Les cinq grappes de ses ceps commençaient à peine à montrer quelques grains rouges que Licinius, un matin, dit qu'il avait mal.

Où avait-il mal ?

Ici, là ? Syra voulait le savoir et questionnait son fils. Le petit ne savait que répondre, il ne le savait pas bien lui-même, mais il avait froid et chaud et des frissons secouaient tout son corps. Il ne sauta pas de son lit comme d'habitude, mais s'y blottit, triste et las, comme un poussin malade dans son nid, et de temps en temps un frisson plus fort que les autres l'ébranlait tout entier.

« Ce ne sera rien », pensa Syra, « une journée de repos au lit lui rendra sa vivacité habituelle. Il se sera trop fatigué, hier. »

Elle le tint au lit, lui donna un peu de lait chaud et le couvrit soigneusement. L'enfant sommeillait, mais son sommeil était oppressé, et Syra l'entendait souvent gémir. « Qu'a-t-il ? » Elle appela Servius qui était à son ouvrage ; il la rassura. « Tu verras que ce n'est rien et que demain il sera guéri. »

Mais la nuit passa pleine d'inquiétudes, et le jour suivant l'enfant était plus mal. Sa figure était rouge, il claquait des dents et se plaignait. Syra tenait sa menotte brûlante dans sa main, lui demandait où il avait mal, lui parlait de la vendange, de son oncle Plistinius, et voulait lui donner de son raisin qui, pendant ce temps, avait mûri... Tout le jour, il délira, et vers le soir il lui fut plus difficile de parler. Sa respiration devenait pénible et le petit visage était violacé. Le petit s'abandonnait dans son lit, il gémissait sans force.

Un jour, une nuit s'écoulèrent, et l'enfant allait de mal en pis.

Que pouvait faire la pauvre Syra ? Si elle avait pu appeler un médecin, comme une maman de nos jours, le petit aurait été guéri, peut-être. Mais il n'y avait pas de médecin à Rome, à cette époque. Il y avait bien un homme, venu des montagnes, qui n'habitait pas loin et qui connaissait certaines herbes et préparait des sucs qui guérissaient les maladies.

Quand Servius vit que Syra était tout à fait au désespoir, et quand lui aussi ne sut où donner de la tête, il alla l'appeler. L'homme arriva et essaya de faire prendre une potion à l'enfant. Le petit agita faiblement ses menottes, comme un petit oiseau blessé qui tente encore de lever ses petites ailes, et ne put rien avaler, mais se blottit dans son lit, plus défait, plus essoufflé et plus misérable qu'auparavant. Il gémissait pitoyablement, et portait les mains à sa gorge comme pour dire que le mal se trouvait là et qu'il suffoquait. Syra et Servius pleuraient, agenouillés à côté du petit lit, sans pouvoir rien faire ; les serviteurs se tenaient autour, pétrifiés, épouvantés. Ce visage pâle, presque violet, ce petit corps étrangement maigri et amoindri, abandonné dans son lit, était-ce le visage et le corps du robuste enfant qui, du matin au soir, courait entre l'atelier de son père, la maison et le jardin ? Était-ce là Licinius, blanc et rouge comme une pomme mûre ?

Non, ce n'était plus lui : c'était une petite flamme qui s'éteint, un petit être qui quitte la terre, laissant une mère désespérée et un père brisé de douleur.

« Servius, Syra ! » Quand Plistinius, appelé en toute hâte, arriva de la campagne, il trouva deux pauvres malheureux qui pleuraient à côté d'un petit lit de bois sculpté, et dans ce petit lit il y avait un enfant mort.

..............................................

Maintenant, le fils de Servius et de Syra reposait pour toujours dans la petite fosse qu'on lui avait préparée devant la maison, et le père et la mère étaient dans la désolation. Chaque jour ils pensaient à lui ; ils lui offraient du lait et du miel qu'ils versaient sur la fosse, ils l'invoquaient et priaient.

« C'est nous qui devions mourir avant toi, cher fils ; c'est nous qui, après notre mort, devions protéger ta vie ; tandis que tu es descendu dans le monde souterrain avant nous, et que maintenant c'est toi qui nous protèges, et nous qui t'offrons des repas funèbres !

« Ce que tu devais faire pour moi, voilà que je le fais pour toi, ô mon fils adoré !

« Tu aurais dû vivre pour être notre joie, et après notre mort, tu aurais offert les mets funèbres à nos lares, et tes fils auraient fait de même après toi !

« À présent, qui nous servira et nous donnera le repos après notre mort, et qui te le donnera à toi, quand nous ne serons plus ?

« Tu as disparu, ô fils aimé ! Tu es une ombre légère. Nous t'offrons du lait, du vin, du miel. Tu es bon, saint et bienheureux, mais nous, nous sommes plongés dans la douleur ! »

Et Syra déposa une grappe de raisin sur la tombe, la plus belle des cinq qui avaient mûri sur les ceps de vigne du potager.

Les chambres et le jardin étaient tristes et déserts, alors que toutes les maisons de Rome se peuplaient d'enfants. Chaque jour, il en naissait, et la ville résonnait des cris des tout-petits et des chants maternels.

L'époque de la vendange arriva, et Plistinius ne put inviter son petit neveu pour cueillir les belles grappes blondes et noires, et les écraser avec ses petits pieds dans les cuves qui fermentent. C'était une fête de pourpre et d'or dans les grasses et opulentes campagnes. Les feuilles rougeoyaient sur les vignes encore chargées, sous le ciel clair d'automne, et les paysans et les bergers besognaient dans les champs cultivés. Mais Servius et Syra restèrent chez eux pour prier et invoquer le fils disparu.

Et Plistinius mit à part une grappe d'or, la plus belle et la plus grande qu'il put trouver, pour la porter sur la petite tombe, là où se fanait l'autre grappe, celle de la vigne que le petit avait reçue et que sa mère lui avait portée en offrande.

## XX

# HISTOIRE D'UNE JEUNE FILLE QUI AIMAIT TROP LES BIJOUX

APRÈS la destruction du pays des Céniniens, et après que ses habitants eurent été transportés à Rome, un autre peuple, celui des Crustuminiens, se rencontra avec le prince Romulus, en signe de protestation contre l'enlèvement des jeunes filles. Mais le prince Romulus fit de même qu'avec le peuple des Céniniens : il les vainquit, détruisit ses demeures et emmena les habitants à Rome pour que la ville devînt toujours plus grande.

Et quand le prince Romulus eut emmené à Rome le peuple des Céniniens et celui des Crustuminiens [1], les peuples des alentours, et surtout les Sabins, furent saisis d'effroi.

Ils pensaient : « Ce prince Romulus qui bat et extermine tous les peuples, nous vaincra et nous extermi-

---

1. Peuple en territoire sabin, au nord-est de Rome.

157

nera aussi, si nous lui donnons le temps d'augmenter et de discipliner encore davantage son armée ! »

C'est pourquoi les Sabins firent venir le meilleur de leurs généraux, qui s'appelait Tatius, et lui dirent :

« Tatius, tu es notre chef et notre espoir. Il est impossible de trouver un homme plus sage et plus fort que toi, et nous voulons que tu sois notre chef suprême. Vois comme les Romains détruisent tous les peuples, et comme ils deviennent chaque jour plus puissants et plus nombreux. Il faut les détruire pour que nous soyons plus forts qu'eux. Si nous tardons encore, personne ne sera plus capable de les vaincre et nous nous trouverons constamment en danger. »

Ainsi parlèrent les Sabins, pleins d'effroi.

Tatius, qui était très rusé, répondit :

« Laissez-moi faire, ô Sabins : je vous promets que nous vaincrons bientôt ce peuple insolent. Mais avant d'entreprendre quoi que ce soit, il est nécessaire que je connaisse la vraie situation des Romains, que je sache quelles sont leurs positions les plus redoutables, afin de pouvoir les attaquer au point le plus vulnérable et les vaincre avec certitude. Je partirai en exploration ; quand je saurai ce qu'il me faut, je vous conduirai à Rome ; en attendant, mettez-vous en parfait ordre de guerre et ayez confiance, car nous battrons certainement les Romains. »

Ainsi parla le général Tatius, et les Sabins s'employèrent tranquillement à mettre sur pied une armée forte et bien disciplinée, heureux de penser que Rome serait bientôt détruite, et qu'ils vivraient désormais en paix, sans la menace continuelle de cette ville qui grandissait à vue d'œil à côté d'eux.

Tatius alla donc seul vers Rome pour se rendre compte des positions à attaquer.

Sur le Capitole, il vit un fort qui dominait la cité. Il était absolument impossible de prendre ce fort du dehors, tant l'unique passage qui lui donnait accès était étroit avec ses parois à pic de tous les côtés. Mais celui qui réussirait à y pénétrer pourrait se dire maître de la place.

Tatius observait et examinait, et se persuadait de plus en plus de la difficulté, sinon de l'impossibilité de l'entreprise, quand il vit sortir une jeune fille de la porte du fort.

La jeune fille portait une cruche vide sur la tête et allait puiser de l'eau. Elle était très jeune et bien vêtue. Le général Tatius l'observa et une chose le frappa surtout : c'était la grande quantité de bijoux qu'elle portait, autour du cou des colliers, et aux poignets des bracelets très voyants.

« Cette femme aime beaucoup les bijoux », pensa le général des Sabins en regardant les bracelets et les colliers. « Et, comme elle les aime beaucoup, il sera facile de la corrompre en lui promettant de l'or et des pierreries ; essayons de lui parler. »

Et Tatius alla à la rencontre de la jeune fille qui sortait de la citadelle.

« Comment t'appelles-tu, belle enfant ? » demanda Tatius, général des Sabins.

« Je m'appelle Tarpéia, et mon père est le commandant du fort. Je vais puiser de l'eau pour le sacrifice, et la source n'est pas loin d'ici. »

« Je t'accompagne », dit le général.

Et ils se mirent en marche. Chemin faisant, ils parlèrent.

« Tu es belle, ô jeune fille », dit Tatius, « et ton nom aussi est beau. Mais les joyaux que tu portes ne sont pas dignes de toi. Tu en as beaucoup, il est vrai, mais tu devrais en avoir bien davantage encore, et de bien plus riches. »

« Comment t'appelles-tu, belle enfant ? » demanda Tatius.

« Je le sais bien, mais c'est tout ce que je peux avoir ! Mon père est un tyran et ne veut jamais rien me donner ! » répondit Tarpéia en boudant.

« J'ai des bijoux magnifiques, et j'aimerais te voir les porter. J'en ai de si beaux, que, si tu en étais parée, tu semblerais un soleil et que toutes tes amies t'envieraient. »

« Où les as-tu ? Les as-tu sur toi ? Peut-on les voir ? » demanda Tarpéia, intriguée.

« Certes, on peut les voir ! Mais je ne les ai pas ici avec moi. Tu les verras quand tu voudras. Je pourrais les apporter demain, ici même, à la même heure, et t'apprendre aussi de quelle façon ils pourraient t'appartenir. »

« Ne puis-je le savoir aujourd'hui ? Ne puis-je l'apprendre tout de suite ? » demanda Tarpéia, de plus en plus avide et curieuse.

« Aujourd'hui, non ; demain, tu le sauras, si tu viens. J'apporterai de si belles parures, que tu en seras émerveillée. Mais toi, n'en parle à personne, parce que tout le monde désire les bijoux précieux que je possède, et si quelqu'un apprenait que demain je les apporte ici, tu ne pourrais jamais les avoir. Ne parle à personne : si tu parles, même à ton père, par exemple, tu peux faire ton deuil de ces merveilleux bijoux ! »

« À mon père ? Bien sûr que je ne lui en parlerai pas ! D'ailleurs, je ne parlerai à personne, n'aie pas peur, et demain à cette heure je serai ici. Mais toi, sois exact, et apporte-moi les bijoux. »

« Je serai exact, j'apporterai des colliers et des parures dignes d'une reine et je t'apprendrai aussi ce que tu dois faire pour les obtenir », dit Tatius.

Le lendemain, Tatius revint à la fontaine. Il avait apporté des colliers de pierreries, des bracelets resplendissants, de scintillants diadèmes. Tarpéia n'avait jamais rien vu de semblable et elle les regardait, très anxieuse.

« Dis-moi ce que je dois faire pour qu'ils soient à moi. Ils sont beaux, très beaux ! »

« Il faut que tu me fasses un petit plaisir, Tarpéia. Si tu me le fais, tous les bijoux que tu vois ici seront à toi. »

« Je le ferai, je le ferai ! » s'écria Tarpéia, avidement. « Que désires-tu ? »

« Voici : je ne suis pas, comme tu crois, un marchand de bijoux. Je suis un général, je commande à de nombreux soldats, et je ne tiens pas du tout à posséder ces objets. Je tiens par contre à entrer une de ces nuits dans la citadelle du Capitole pour une reconnaissance. Mais cela devra se faire à l'improviste et sans que personne en sache quelque chose. Est-il possible de me faire entrer dans ce fort, moi et mes hommes, une nuit ? »

« Possible ? Je ne sais pas, car mon père fait bonne garde. »

« Il y aura bien pourtant un moment où une personne, se tenant aux aguets à l'intérieur, pourra ouvrir la porte à une autre qui se trouvera au-dehors et qui attendra le signal ! »

« Oui, ce moment-là pourrait arriver ! »

« Si ce moment arrive, tous ces joyaux seront à toi. Regarde comme ce collier est splendide ! Épingle-le sur ta poitrine, essaie-le. Il te va vraiment bien. »

« Tu viendras donc à la citadelle avec tes soldats ? Une de ces nuits ? »

« Je viendrai à la citadelle avec mes soldats, une de ces nuits ! »

« Et tu me donneras les bijoux ? Mais pour te faire entrer à la citadelle avec tes soldats, ces bijoux ne suffisent pas », dit Tarpéia, de plus en plus avide et excitée.

162

« Que veux-tu de plus ? »

« Tes soldats ne portent-ils pas tous un bracelet d'or ou d'argent au bras gauche ? »

« Oui, en effet ! Ils portent au bras gauche le bracelet d'or et le bouclier. »

« Eh bien, voilà ! Demain soir, je serai aux aguets, et je ferai en sorte que tu puisses pénétrer dans le fort. Mais, outre ces colliers et ces bracelets que tu m'as promis, je veux que chaque soldat me remette ce qu'il porte au bras gauche. J'en veux beaucoup, beaucoup, beaucoup ! »

« Chaque soldat te donnera en passant ce qu'il porte au bras gauche, et tu en auras beaucoup, beaucoup, beaucoup ! » répondit Tatius, le général des Sabins.

« Et personne ne doit savoir que je t'ai ouvert ! »

« Personne ne le saura ! »

Le soir suivant, quand l'obscurité fut venue, Tatius se cacha dans un petit bois voisin du fort et attendit le signal convenu, qui devait être une torche rouge allumée au haut du mur.

Toutes les étoiles brillaient au ciel. Dans les grands arbres noirs, un rossignol chantait. Tout le ciel et le bois étaient emplis de ce chant comme d'une lumière, et un immense enchantement se répandait partout avec cette musique divine.

Mais Tarpéia n'entendait pas ce chant qui transportait l'âme loin de la terre. Tarpéia ne voyait que les bijoux. Elle voyait les colliers, les bracelets, les diadèmes, qui l'avaient fascinée, et l'or des soldats. Elle voyait de l'or, de l'or et encore de l'or. Elle se grisait d'or, de ces bracelets d'or et d'argent qui, sous peu, lui appartiendraient. C'est pourquoi elle se préparait à la trahison.

Voilà qu'une torche s'alluma au sommet du fort. Elle était rouge ; c'était le signal.

Tout doucement, sans bruit, Tatius s'avança avec les soldats.

« Rappelle-toi notre pacte, et donne-moi les bijoux ! » dit Tarpéia à voix basse. « Et chaque soldat doit me donner ce qu'il porte au bras gauche, tu le sais ! »

« Que chaque soldat donne à Tarpéia ce qu'il porte au bras gauche ! » commanda le général.

Lui-même entra le premier. Il tenait en main un très grand collier fait de grosses gemmes et d'épines d'or. Il visa et lança de toutes ses forces le collier au visage de Tarpéia. Il atteignit son but, et, blessée à la tempe, la jeune fille tomba à terre, évanouie. Et chaque soldat qui entrait dans le fort, obéissant aux ordres du chef, jetait lui aussi son bracelet d'argent ou d'or au visage de Tarpéia, bracelets énormes, massifs, qui semblaient des armes.

Frappée, battue, blessée, sanglante, évanouie, Tarpéia ne bougeait plus. Et les bracelets continuaient de pleuvoir et de la couvrir. Quelques soldats, par mépris, lui jetèrent leur bouclier avec le bracelet, ce qui la couvrait encore davantage. De sorte que les derniers soldats qui passèrent ne virent même plus la jeune fille, mais un amas de boucliers et de bracelets d'or et d'argent. Cependant, obéissant aux ordres de leur général, ils continuèrent de jeter bracelets et boucliers sur le tas. Et Tarpéia mourut sous ce monceau, étouffée et déshonorée par l'or.

C'est ainsi que Tatius s'empara de la citadelle qui dominait, comme une roche au milieu de la mer, tout le pays à la ronde. Il s'en rendit maître parce que les soldats de garde, surpris dans leur propre forteresse par un très grand nombre d'ennemis, ne pouvaient plus la défendre. Beaucoup d'entre eux moururent. Criblé de coups, Tarpéius tomba à son poste de commandant, tué par la trahison de sa fille, maudissant celle qui avait vendu la forteresse à l'ennemi. Tous les soldats, en mourant, maudissaient la traîtresse.

Tatius, étant maître de la position, pensait devenir bientôt maître de Rome et croyait que le principal était fait.

« Voilà ; demain à cette heure, Rome sera détruite comme le peuple des Crustuminiens et celui des Céniniens. Les Romains seront nos prisonniers, et nous autres, Sabins, nous deviendrons les maîtres du monde ! »

Ainsi pensait Tatius, en regardant du haut du Capitole la cité ennemie, encore endormie dans l'aube qui blanchissait le ciel. Il regardait la ville et se disposait à la détruire aussitôt, ce même jour, afin qu'elle disparût du monde et que personne n'en entendît plus parler.

## XXI

# HISTOIRE DES FEMMES QUI ONT VOULU LA PAIX

PENDANT la nuit, personne ne s'était aperçu de rien, à Rome. Mais à l'aube, quand le ciel commença à blanchir, l'alarme fut donnée, et tout le monde comprit qu'un malheur terrible menaçait la ville.

Que se passait-il dans la forteresse de la colline du Capitole ? Et quels étaient ces soldats étrangers qu'on voyait apparaître ? C'étaient les ennemis, les ennemis ! Rome avait été trahie : quelqu'un avait livré la citadelle, tous les soldats occupants avaient été tués, et les Sabins tenaient la colline qui dominait Rome. Trahison ! Malédiction ! Il fallait les combattre, il fallait chasser les envahisseurs !

Mais la position la plus forte de la ville était à présent entre les mains de l'ennemi !

Qui avait trahi, qui avait laissé entrer les Sabins dans la forteresse ?

Pleins de rage, les Romains sortaient des maisons, s'armaient et se groupaient, se mettaient aux ordres de leurs chefs et grimpaient à l'assaut de la colline pour combattre. Mais les Sabins, d'en haut, les repoussaient.

« En arrière, en arrière ! C'est nous qui sommes maîtres de la forteresse et de la ville ! »

Si la traîtresse Tarpéia, qui gisait sous l'argent et l'or, avait vu le massacre de ses frères, elle serait morte encore une fois ; elle serait morte de honte et de douleur, cette fois ! Les Romains montaient à l'assaut pour chasser les Sabins maîtres de la forteresse. Mais ceux-ci chassaient les Romains, les refoulaient, les repoussaient. Une seule pierre jetée de là-haut apportait la mort. Les Romains fuyaient ; depuis la naissance de Rome, c'était la première fois que les Romains fuyaient ; ils se précipitaient en bas du Capitole et couraient par les rues jusqu'à la vieille porte du mont Palatin.

Mais voilà qu'à la vieille porte du mont Palatin, les Romains trouvèrent le prince Romulus.

Il élevait les mains au ciel et priait, absorbé, comme s'il ne voyait pas la fuite de ses gens et était insensible à la terreur des soldats poursuivis par l'ennemi. Il priait, les mains levées au ciel, comme s'il était seul parmi la foule. Et les soldats s'arrêtaient, ébahis, autour de lui et le regardaient.

« Ô Jupiter ! » priait le prince Romulus à haute voix, « par ton ordre j'ai fondé ici la ville de Rome, et par ta volonté je la défends aujourd'hui. Mais les ennemis sont déjà maîtres de la colline du Capitole et marchent déjà vers le Palatin. Un traître leur a livré la forteresse — maudit soit-il aujourd'hui et à jamais — et tous ceux qui en ce moment ne défendent pas la patrie sont des traîtres. Mais non, il n'y a pas de traîtres ici : grand Jupiter, les dieux du ciel ne le permettent pas. Ils ordonnent au contraire que personne n'ait plus peur, que personne ne prenne plus la fuite et que tous se rassemblent ici autour de moi, et je les conduirai à la victoire ! »

Les soldats s'arrêtaient en effet auprès de Romulus et écoutaient ses paroles.

« Les dieux ont décrété que Rome serait sauvée aujourd'hui. Donc, arrêtez-vous tous ici près de moi : ma prière est exaucée et Rome est sauve. Grâces à vous, dieux du ciel, et grâces à toi, Jupiter ! Ici, à cet endroit, où les Romains se sont arrêtés et où toi, Jupiter Maxime, tu as décidé de sauver Rome, je ferai élever un temple qui rappellera cette heure et qui te sera dédié, ô Jupiter Stator [1], qui arrêtas les Romains dans leur fuite. Et maintenant, en avant, soldats ! Obéissons à la volonté des dieux, et sauvons Rome ! »

Les soldats ne fuyaient plus, ils s'étaient tous rassemblés en foule autour de leur prince, et ceux qui avaient déjà fui très loin revenaient maintenant, prêts à combattre.

« Je te remercie, ô Jupiter, qui as écouté ma prière, et je transmets aux Romains l'ordre que tu leur donnes par moi : voilà, ô Romains, Jupiter ordonne que nous allions immédiatement à la rencontre de l'ennemi ; il nous promet son aide, avec laquelle nous repousserons les Sabins et sauverons Rome ! »

Le prince Romulus s'élança contre les Sabins, suivi à la course par ses soldats. La fuite s'était changée en un assaut formidable.

Déjà les Sabins étaient certains d'avoir gagné la bataille, et un de leurs chefs criait victoire.

---

1. Épithète de Jupiter, littéralement : « celui qui arrête » les fuyards. *Maximus* signifie : « le plus grand ».

« Nous avons battu ces gens, en avant, soldats ! Les Romains ne peuvent résister ! Pour ravir les femmes, ils s'y entendent ! Mais devant nous ils prennent la fuite comme des lapins. En avant, Sabins, nous gagnons, nous avons vaincu ! »

Ainsi criait Métius, un des capitaines sabins, à ses soldats et aux fuyards romains.

Mais les Romains — qu'arrivait-il ? — avaient rebroussé chemin et, dans un élan terrible, se précipitaient contre lui : c'était Romulus, leur prince et chef, qui les conduisait, et il le faisait si furieusement, que Métius cessa de crier victoire et fut transpercé de cent coups de lance.

À présent, ce sont les Sabins qui chancellent, et ce sont les Romains qui les repoussent. La lutte est acharnée.

Cependant, à Rome, dans les maisons, les femmes sont aux écoutes, pleines d'inquiétude et d'angoisse.

La porte d'une maison s'ouvre tout doucement, et une femme paraît sur le seuil. Une autre porte s'entrebâille et une autre femme paraît.

« Ersilia ! »

« Cornélie ! »

« Qu'arrive-t-il ? »

« Ils se tuent, ils s'égorgent ! Ce sont nos hommes, nos pères, nos frères, nos maris qui se tuent dans les rues ! »

« Quelle horreur ! Et nous ? »

« Nous ? Te semble-t-il que nous pouvons rester ici, les bras croisés, sans rien faire ? Sortons dans la rue, allons au milieu d'eux, avec nos enfants : nous verrons s'ils sont capables de tuer leurs enfants et leurs petits-fils ! »

Et toutes les femmes sortent des maisons. Une, puis deux, puis trois, les femmes quittent leurs demeures. Ersilia, Fulvie, Cornélie, Clélia, toutes les femmes sabines devenues romaines sortent à présent. Les voilà avec leurs enfants dans les bras : chaque soldat romain reconnaît sa propre femme, chaque soldat sabin sa propre fille ou sœur. Tous s'arrêtent : que veulent ces femmes, sorties dans les rues et plantées au milieu des combattants, au risque d'être massacrées avec leurs enfants ? Comment se battre, comment lancer une seule flèche, avec ces femmes qui se glissent partout avec les enfants, et ceux-ci, voyant cette mêlée, se mettent tous à pleurer à qui mieux mieux ?

Depuis quand sort-on les petits enfants pendant que les gens s'entre-tuent ? Les femmes sont donc devenues folles ?

Mais Ersilia, la plus sage, droite au milieu des combattants, parmi les femmes et les enfants, parle aux soldats.

« Pourquoi voulez-vous nous faire tant de mal ? » dit-elle. « Voulez-vous donc que nous mourions de chagrin ? Nous avons été ravies à nos familles par la force, et nous avons pleuré toutes les larmes de nos yeux. Puis nos ravisseurs sont devenus nos amis, ils sont devenus nos maris et les pères de nos enfants. À présent, que voulez-vous faire ? Voulez-vous nous arracher à nos maris et à nos enfants pour que nous devenions plus misérables, plus malheureuses, plus désespérées que jamais ? Ne le faites pas, ne le faites pas, ô pères et frères ! Si vous voulez notre bien, ne le faites pas, mais réconciliez-vous ! Car nous ne savons plus qui nous aimons mieux à présent, vous, nos pères, ou vous, pères de nos fils ! »

Ainsi parla Ersilia, la plus sage. Et d'autres femmes, ses compagnes, embrassaient leurs pères, leurs frères, leurs maris, romains et sabins. Et d'autres mettaient les blessés à l'abri, les couchaient sur des lits, les pansaient et les réconfortaient.

« Voici ma maison, voici mon petit garçon. Tu ne connaissais pas ton petit-fils, père, et lui ne te connaissait pas non plus ! Mais toi, père, bénis-le à présent ; il te connaîtra et t'aimera. »

L'on ne parla plus de combats, et la paix fut conclue. Il n'y eut plus deux peuples, mais un seul peuple ; il n'y eut plus deux villes, mais une seule ville.

Et ceci fut fait grâce à l'amour des femmes, parce qu'elles l'avaient voulu ainsi.

Alors Tatius, général des Sabins, et Romulus, chef des Romains, dirent à Ersilia et aux femmes :

« Ersilia et vous toutes, femmes qui êtes à la fois sabines et romaines, vous nous avez conduits vers la paix et nous avez réconciliés. Nous reconnaissons votre mérite et désirons vous récompenser : demandez donc ce que vous voulez, pour vous et pour toutes les femmes de Rome d'aujourd'hui, de demain et de toujours. Ce que vous demanderez, nous vous l'accorderons. »

Ersilia, la plus sage, répondit : « Oh ! hommes romains, oh ! hommes sabins, laissez-nous du temps pour réfléchir ; ainsi nous pourrons consulter nos compagnes et demander ce qui est juste. »

Ersilia rassembla donc les femmes de Rome et dit : « Compagnes, nos hommes, pleins de gratitude, parce que nous leur avons donné la paix, voudraient nous manifester leur reconnaissance et demandent ce que nous désirons. Dites, compagnes et amies, que demanderons-nous aux hommes pour notre récompense ? »

La blonde Silvie répondit en rougissant :

« Je voudrais qu'aucun homme ne parlât de choses inconvenantes devant nous. »

« Voilà qui me plaît, et nous le demanderons », répondit la sage Ersilia.

Et Fulvie parla : « Je voudrais que devant nous les hommes fussent toujours décents et vêtus décemment. »

« Voilà qui me plaît, et nous le demanderons », répéta la sage Ersilia.

Et Cornélie parla : « Je voudrais que, dans la rue, les hommes, au lieu de nous heurter et de nous pousser comme ils le font à présent, eussent un peu d'égards, en nous réservant la droite, ce qui nous permettrait de marcher plus librement. »

« Voilà qui me plaît, et nous le demanderons », répéta Ersilia une troisième fois.

Ersilia parla donc au prince Romulus, son mari, à Tatius, général des Sabins, et à tous les personnages romains et sabins les plus importants, afin d'exposer les désirs des femmes.

« Voici », dit-elle, « je vous soumets les désirs des femmes romaines et sabines. Elles demandent trois choses : la première est que les hommes ne prononcent pas de paroles inconvenantes en leur présence ; la seconde, que les hommes soient vêtus décemment et se comportent décemment devant elles. La troisième, que dans la rue ils leur cèdent le pas et le côté droit, afin de ne pas être continuellement heurtées et poussées, elles et leurs enfants. Voilà ce que demandent les femmes de Rome, en échange de la paix. »

« Et elles l'auront aujourd'hui, demain et toujours », dit le prince Romulus.

Mais Tatius, le général des Sabins, n'était pas satisfait.

« C'est bien peu de chose », dit-il. « Elles sont trop modestes. »

« Que voudrais-tu d'autre ? Dis-le ! »

« Je voudrais que les femmes sabines, dans la maison de leur mari romain, n'eussent qu'un seul devoir à accomplir, celui de filer la laine, qu'elles ne fassent les autres travaux que si elles le veulent bien. »

« Bien, je suis d'accord », dit le prince Romulus. « Les femmes ont demandé trois choses et elles en auront quatre ; parce que dans la demeure de leur mari elles auront pour devoir unique celui de filer la laine ; et les autres travaux, elles les feront si elles le veulent bien, mais personne ne pourra les y contraindre. Et les hommes se comporteront devant elles comme elles le désirent. »

Ainsi fut conclue la paix entre Romains et Sabins, et les deux peuples vécurent ensemble en parfait accord et bonheur, grâce aux femmes et par amour pour elles.

## XXII

# LE MARIAGE DE PLISTINIUS

Et il y eut la guerre et la paix ; et il y eut la paix et la guerre.

À Rome, Servius, l'ancien esclave, était devenu un personnage important. Il était admis parmi les patriciens, et le prince Romulus le consultait souvent. Il était ce que, de nos jours, on appellerait un ingénieur, et, dans cette période de construction perpétuelle, un ingénieur avait beaucoup à faire.

La maison de Servius était belle et grande, ses serviteurs nombreux, plus nombreux encore ses clients, qui étaient sûrs de trouver en lui un ferme appui. Il avait acquis du coup d'œil et de la compétence dans ses propres affaires et dans les affaires publiques : tous s'adressaient à lui ; à même de faire du bien, il se plaisait à en accomplir.

Il aurait été tout à fait heureux si le souvenir de son petit garçon mort et l'absence d'autres enfants qui auraient pu continuer la famille n'avaient voilé son front d'une ombre ; et Syra, tout en travaillant elle aussi du matin au soir, surveillant les esclaves et tenant la maison aussi reluisante qu'un miroir, ne souriait plus, ne chantait presque jamais.

Au printemps, elle vit revenir les hirondelles et pensa : « Voilà, elles referont leur nid, et bientôt les bébés hirondelles vont naître. »

Elles refirent leur nid, couvèrent leurs œufs ; les jeunes hirondelles tendaient le bec, grand ouvert et affamé, comme jadis quand elle avait eu son bébé. Le papa et la maman hirondelles arrivaient : « Nous voici, nous voici, nous vous apportons à manger, nous voici ! Il y a de bonnes choses, de bonnes choses à manger, nous voici, nous voici ! » Papa et maman hirondelles étaient tout joyeux de vivre, d'apporter la nourriture à leurs petits ; ils les voyaient grandir et grandir encore jusqu'à ce que le nid devînt trop petit pour eux, si bien que les bébés hirondelles se poussaient, se heurtaient et se becquetaient. Alors, le plus fort tentait son premier vol, un peu craintif en son for intérieur, mais encouragé par la surveillance et les cris rauques du papa et de la maman.

« On vole tous ! »

« Il faut tous sortir du nid ! »

« Il faut voler dans le ciel bleu et infini ! »

« C'est beau de voler ! »

« On traverse le ciel comme une flèche ! »

« On traverse la mer, on va en Égypte, là où sont les Sphinx et les Pyramides et où il fait chaud toute l'année ! »

« On voit tant de pays et l'on traverse tant de mers ! En avant ! courage, courage ! »

Syra ne comprenait pas ce que disaient le papa et la maman hirondelles à leurs petits, mais elle savait qu'ils les encourageaient dans leur vol, qu'aux premiers froids ils partiraient tous et qu'alors la maison serait plus grande, plus triste, plus vide que jamais.

Elle pensait à son petit Licinius. Lui aussi était parti, mais pour ne plus revenir. Il était allé dans un pays froid, inconnu et souterrain, et elle ne pouvait plus le voir ; elle pouvait seulement prier et verser du vin et du miel sur la tombe, afin de nourrir le petit et lui assurer le repos dans le monde des morts.

Elle se rendait sur le petit tertre, pleurait et priait, puis s'en revenait à la maison, plus triste, mais aussi plus calme.

Syra avait défendu de toucher aux nids d'hirondelles. Elle, toujours si bonne, qui punissait si rarement, fit un jour fouetter jusqu'au sang un esclave parce qu'il avait enlevé les hirondelles du nid dans la cour à côté de sa chambre.

Plistinius était venu habiter à Rome dans la maison de son frère. Servius avait trop besoin de lui, à présent, pour qu'il pût rester à la campagne. Il avait laissé là-bas un homme d'expérience, très dévoué, assez âgé, qui avait subi lui aussi un dur esclavage et ne demandait pas mieux que de vivre tranquillement avec de bons maîtres, sans trop de responsabilités. C'était lui qui surveillait les paysans et les bergers.

À Rome, Plistinius avait aussitôt été inscrit parmi les cavaliers, et pendant la guerre avec les Sabins il avait combattu vaillamment. Puis il était revenu à la maison, la maison triste, où tout rappelait le petit Licinius.

Un jour, Servius dit à son frère :

« Plistinius, mon frère, il est nécessaire que tu choisisses une épouse et que tu aies des enfants. Vois, Syra et moi, nous n'en avons point ; toutes les autres maisons de Rome sont remplies d'enfants et de la vie qu'ils y apportent ; la nôtre est déserte, et quand nous serons morts, qui deviendra le maître de tout ce que nous possédons ? Qui entretiendra la flamme de notre foyer, qui offrira le repas funèbre à nos lares [1] afin que nous puissions reposer en paix dans le royaume des ombres ? Maintenant que tant de femmes sont venues à Rome, il ne te sera pas difficile de trouver une jeune fille qui te plaise. Ta femme, si elle est bonne, sera la bénédiction de notre maison ; ton fils sera aussi le nôtre, et après notre mort il honorera et servira nos lares. »

« J'ai déjà pensé à ce que tu me dis là », répondit Plistinius. « Tu as raison et je peux te répondre tout de suite que Flaminia, la fille de Flaminius, le marchand de grains, me plaît. »

« Celle qui demeure ici à côté, qui est orpheline de mère et a tant de frères et sœurs ? »

« Oui, celle-là, précisément. »

« Par Jupiter, elle me plaît aussi à moi ! C'est une belle et bonne jeune fille. C'est elle qui est la maman de toute cette nichée : active, gaie, elle chante toujours comme Syra faisait jadis ! Elle pense à tout et à tous. Ce sera une joie de l'avoir avec nous. Syra l'aime aussi et quand elle la voit au milieu de ses frères et sœurs, elle dit : ''Celle-là fera le bonheur de celui qui l'épousera !'' Mais je n'imaginais pas que tu pensais à elle ! »

« J'y ai pensé bien des fois », répondit Plistinius.

« Et alors, qu'attends-tu ? »

« Jusqu'à présent elle était trop enfant. C'est seulement maintenant qu'elle est en âge de se marier. Veux-tu parler à son père ? »

« Volontiers. Tu as toujours été comme mon fils, toi ; et maintenant plus que jamais. Qui sait si notre père est mort ou vivant ? Qui sait s'il est esclave ou

---

1. Âmes des ancêtres défunts (voir note 1, p. 110).

homme libre ? Qui sait s'il a un mauvais maître qui le fait peiner et le fouette jusqu'au sang ? »

Et Servius se souvint de cette nuit, maintenant lointaine, lointaine et terrible, pendant laquelle il avait porté un enfant couvert de plaies, malade, presque mourant, sur ses épaules fatiguées, endolories, pour l'empêcher de mourir sous les coups du maître féroce. Toute la nuit il avait marché et couru pour rejoindre l'asile de Rome, le cœur angoissé, certain de mourir s'ils étaient pris. À présent, l'enfant était un homme, un homme fort et libre, un citoyen de Rome.

« Aujourd'hui même, j'irai chez le marchand de grains pour demander Flaminia en mariage », dit Servius.

Flaminia était pour ainsi dire encore une fillette, et était déjà une maman. Elle avait dix frères et sœurs, qui lui donnaient beaucoup à faire, et elle était toujours au milieu d'eux comme une poule parmi ses poussins. Son père avait toujours été un homme libre, mais dans sa jeunesse il avait tué un camarade dans une rixe, alors qu'ils étaient tous deux à moitié ivres. Et il avait fui à Rome pour y chercher asile, et sa femme, qui l'aimait, l'avait suivi. À présent, elle était morte, lui laissant une nichée d'enfants ; Flaminia, qui avait toujours été l'aide de sa mère, se trouva naturellement être la maman de tous, et elle s'occupait de ses petits frères et sœurs comme s'ils avaient été ses propres enfants.

Servius fit comme il avait dit. Il alla chez Flaminius et lui demanda sa fille en mariage pour son frère.

« Tu vois mon embarras », lui répondit-il. « Comment faire avec tous ces enfants ? Et Flaminia est encore si jeune ! »

« Certes, elle est jeune, mais Plistinius aussi est jeune, et il constitue un parti comme il y en a peu. Il est travailleur, riche, très riche, parce que naturellement il aura tout mon bien, outre le sien. Je le considère comme mon propre fils. Et puis nous habitons si près l'un de l'autre ! Évidemment, Flaminia habitera chez nous, mais elle pourra toujours jeter un coup d'œil sur ses frères et sœurs, tandis que si elle se mariait loin de la maison... »

« Tu as raison, mieux vaut être près que loin, et puis il est vrai que les filles ne nous appartiennent pas ; nous ne pouvons les garder à la maison, et Plistinius est vraiment un charmant jeune homme auquel on peut se fier. »

Ainsi conclut Flaminius, et le mariage fut décidé.

Quand vint l'époque où les vieilles hirondelles s'occupaient à passer leurs troupes en revue, les disposant pour le départ, Plistinius alla chez le marchand de grains pour chercher son épouse.

Il la trouva près du foyer paternel, tout flambant et orné de guirlandes, et tout autour les petits frères et les parents. Son père se tenait à côté d'elle.

Plistinius arriva, et Flaminia le regarda un peu effarée, osant à peine lever les yeux ; mais le maître de la maison alla à sa rencontre, lui faisant fête, et les parents le félicitèrent.

Puis Flaminius versa du grain, de l'huile et de l'encens sur le feu. La flamme s'éleva, haute, parfumée, et la fumée odorante de l'encens se répandit dans la chambre.

Les parents, en se réjouissant, dirent :

« Les dieux du foyer approuvent le mariage ! »

« Ils sont contents ! »

« Ils se réjouissent, ils acceptent le sacrifice ! »

« Ils exultent, ils envoient des ondes de parfum ! »

« Ce sera une union heureuse ! »

Ainsi disaient les parents et les amis rassemblés autour de Plistinius et de Flaminia. Et Flaminius, debout à côté du feu, parla à sa fille :

« Tu as toujours été une fille bonne et tendre, Flaminia, et c'est avec chagrin que je te vois quitter la maison paternelle. Mais tu dois la quitter aujourd'hui. Ton époux est venu te chercher et t'emmène. À partir d'aujourd'hui, tu auras une autre maison, et tu entretiendras un nouveau feu. Tu auras une autre famille. Et de nouveaux pénates[1], ceux de ton mari, te protégeront.

« Tu n'appartiendras plus à tes anciens lares ; tu ne leur apporteras plus de guirlandes pour qu'ils se réjouissent autour du vieux foyer. Je te déclare aujourd'hui dégagée et libre : tu peux désormais quitter ta maison pour entrer dans celle de ton époux. »

Flaminia se tenait au milieu de ses petits frères et sœurs, le cœur un peu angoissé. Oui, Plistinius était beau et bon, certainement ; elle l'avait vu souvent passer dans la rue et lui avait aussi parlé plusieurs fois. Mais pourquoi la voulait-il ? Pourquoi l'emmenait-il de chez elle ? Son travail, son poste n'était-il pas ici, au milieu de ces enfants privés de mère, qui avaient tant besoin d'elle ?

Mais il fallait obéir au père. Toutes les filles avaient toujours obéi sans discuter, sans même songer à faire une seule objection. Et Flaminia se laissa poser un voile sur les cheveux et mettre une couronne dans la main. Voilée ainsi, avec la couronne de fleurs (les hirondelles combinaient-elles de nouveaux mariages, qu'elles volaient comme des flèches ? — non, elles s'apprêtaient maintenant au prochain départ), précédée d'un homme portant la torche nuptiale, suivie d'un long cortège, Flaminia alla vers la maison de Servius et s'arrêta sur le seuil.

---

1. Chaque foyer possède ses dieux pénates (de *penus*, les vivres), considérés comme les protecteurs du garde-manger ; l'État a aussi les siens, apportés de Troie par Énée, selon la légende.

Servius et Syra se tenaient sur le seuil ; ils venaient joyeusement à sa rencontre et lui présentaient l'eau et le feu : le feu, symbole du nouveau foyer de la nouvelle famille, des nouveaux lares ; et l'eau, qui purifie, qui nettoie, qui lave.

Mais Flaminia ne doit pas toucher le seuil de ses pieds, en entrant la première fois dans la nouvelle famille. Non, voici Plistinius qui soulève son épouse dans ses bras, qui franchit le seuil avec elle et la porte dans la maison, auprès du nouveau foyer.

Quel grand feu flambe dans la demeure de son mari, tout comme dans celle de son père !

Voilà que Flaminia appartient à présent à sa nouvelle famille. Dès à présent, elle ne pourra plus porter de guirlandes, ni verser de l'huile, du grain et de l'encens sur le foyer de son père. Désormais la maison de son mari est la sienne, comme aussi ses serviteurs sont les siens.

Mais les petits frères, oh ! les petits, elle ne les abandonnera pas. Tout en se dévouant à sa nouvelle famille, elle ne pourra oublier ses chers petits, seuls à la maison, et qui appelleront toujours leur grande sœur maman !

Voilà, Servius verse de l'huile en abondance sur le foyer : la flamme s'élève, comme pour saluer la nouvelle épouse.

Il verse de la graisse de mouton et de porc, et du grain sec. Il accomplit le sacrifice tout entier, selon l'usage.

Ensuite Plistinius et Flaminia récitent ensemble les prières rituelles, puis ils mangent ensemble la galette nuptiale faite de fleur de farine, et tous les invités mangent et boivent, faisant des vœux, de joyeux vœux de santé et de vie heureuse pour les nouveaux époux.

« Où tu es, je suis. » Ainsi dit Flaminia.

*Non, voici Plistinius qui soulève son épouse dans ses bras, qui franchit le seuil avec elle...*

Maintenant ils sont mari et femme. Maintenant Flaminia a les mêmes fêtes, les mêmes prières, les mêmes dieux domestiques que son mari. Elle fait partie de sa famille.

Mais son père et ces petits, ces enfants sans mère ? Seule avec Plistinius, avec Servius et Syra, contente parce qu'elle sent qu'ils l'aiment, contente de fonder une nouvelle famille à elle, Flaminia pense toujours à ces dix petits qu'elle a laissés dans la vieille demeure, et qui ont besoin d'elle, qui sait combien de fois !

Flaminia s'attache à sa nouvelle maison. Elle apprête les guirlandes pour le nouveau foyer, elle aide Syra dans tous les travaux domestiques et l'aime comme une sœur ; et ses petits frères et sœurs vont et viennent près d'elle, tous les dix, parce qu'ils ne peuvent se passer d'elle, ni elle d'eux.

## XXIII

# HISTOIRE D'UN CRIME ET D'UNE VENGEANCE

CINQ ans s'écoulèrent.

Un, deux, trois, quatre enfants naquirent à Flaminia dans la maison de Servius et de Syra.

Flaminia ne savait où donner de la tête : entre dix frères et sœurs et quatre nouveaux bébés qui avaient toujours faim, qui voulaient toujours être pris sur les bras, qui riaient, pleuraient, rampaient, furetaient partout et se roulaient par terre, elle ne savait de quel côté se tourner. Heureusement qu'il y avait Syra. Syra qui n'oubliait jamais son petit garçon mort, mais qui, au milieu de toute cette vie nouvelle, n'avait pas le temps de beaucoup réfléchir et était heureuse avec tous ces enfants qui l'appelaient tante et l'aimaient autant que leur maman.

Cinq ans s'écoulèrent et Rome vivait tranquille et paisible.

Comme la ville était devenue grande ! On ne la reconnaissait plus. Tatius, le roi des Sabins, étant allé habiter à Rome, beaucoup de Sabins vinrent s'y établir aussi, y construisirent de nouvelles maisons et y assumèrent des emplois importants. De la sorte, de cent qu'il était au début, le nombre des patriciens monta à deux cents.

Le prince Romulus répartit les habitants en trois sections et donna à chacune le nom de tribu ; puis il nomma un chef pour chaque tribu et lui donna le nom de tribun.

Il donna de bonnes lois à son peuple, des lois bienfaisantes et solides, et avant de les appliquer, il les faisait approuver par les prêtres. Car il avait réuni des gens sans aucune loi et vit bientôt que, sans loi et sans religion, on ne peut gouverner un peuple.

Entre autres dispositions, il avait établi celle qui obligeait la femme à vivre avec son mari et à ne le quitter sous aucun prétexte.

Cinq ans s'écoulèrent donc.

Romulus régnait en paix avec Tatius, roi des Sabins. Ils prenaient les décisions ensemble et d'un commun accord. Mais dans la cinquième année, il arriva une chose terrible.

Voici ce qui se passa.

Plusieurs ambassadeurs quittèrent un jour la ville de Laurente pour aller à Rome parler au roi Tatius et au prince Romulus. C'étaient d'importants et riches personnages, vêtus magnifiquement et portant beaucoup d'ornements d'or et d'argent. Chemin faisant, ils rencontrèrent des hommes qui venaient du côté opposé.

« Est-ce là le bon chemin pour Rome ? » demandèrent ceux de Laurente.

Ceux qui étaient interrogés regardèrent avec stupeur et avidité les riches ornements des hommes de Laurente et la cupidité s'alluma dans leur âme.

« Oui, certainement, c'est la route pour aller à Rome et que voulez-vous faire dans cette ville, vous autres ? »

« Cela ne vous regarde pas », répondirent les ambassadeurs avec hauteur, car ils étaient de grands seigneurs et les autres avaient l'air de pauvres diables.

« Cela nous regarde certainement ; puisque vous êtes si riches et que vous vous donnez des airs de grandeur, avant de continuer votre chemin, vous nous paierez le passage. »

« Comment, le passage ? Ôtez-vous d'ici, insolents, brigands ! laissez-nous passer ! »

« Oho ! vous êtes de grands seigneurs et nous sommes de pauvres diables. Mais vous paierez le passage, vous nous donnerez l'argent que vous portez sur vous, sinon vous n'arriverez jamais à Rome ! »

« Nous ne vous donnerons pas l'argent que nous possédons ! Nous ne vous donnerons rien, brigands de grand chemin ! Laissez-nous passer, car nous avons de bons glaives pour nous défendre. »

« Si vous avez de bons glaives pour vous défendre, nous en avons d'excellents pour vous attaquer », répondirent ceux qui venaient de Rome, et ils se jetèrent sur ceux de Laurente. Ils les tuèrent, les dépouillèrent, leur prirent tout ce qu'ils possédaient et retournèrent à Rome.

Les parents et les amis des assaillis, ne voyant pas revenir les ambassadeurs, s'informèrent et apprirent ce qui était arrivé. Alors ils demandèrent justice.

« Nos parents, nos amis ont été brutalement tués sur la route, et dévalisés. Il est juste, et la loi le veut, que les coupables soient livrés entre nos mains, et nous en ferons ce que nous voudrons ! »

Tel fut le message de ceux de Laurente à Tatius, roi des Sabins, et à Romulus.

« Nous vous livrerons certainement les coupables !
Justice doit être faite et les délinquants seront punis »,
dit Romulus.

Mais Tatius s'y refusait. Les coupables étaient ses
amis et ses parents. Avant cette affaire, ils s'étaient
toujours bien conduits. Il était certain — disait-il —
qu'ils avaient été provoqués, ils n'avaient certainement pas tué dans le but de voler, on ne pouvait les
livrer ainsi à des gens qui les auraient massacrés à
l'instant !

Romulus, au contraire, répliquait : « Le méfait a
été commis, et nous ne pouvons nous refuser à laisser
punir les coupables. La loi est égale pour tous : si
le meurtrier était mon propre fils, je n'aurais pas le
droit de le soustraire aux mains des outragés ! »

Mais Tatius, roi des Sabins, ne voulait rien faire
contre ses amis, ne répondait rien, et les tenait cachés.

« Roi Tatius », reprenait le prince Romulus, « roi
Tatius, fais attention ! Cette affaire finira mal ! Les
dieux s'irritent contre celui qui transgresse les lois.
Si nous ne faisons pas justice, ils nous enverront quelque châtiment, et le peuple se révoltera ! »

Mais Tatius ne répondait pas et cachait toujours
les coupables.

Alors on sut dans tout Rome que le prince Romulus
voulait punir les assassins des ambassadeurs, mais que
le roi Tatius s'y refusait, parce qu'ils étaient ses amis
et parents.

La chose se sut à Rome et s'apprit ensuite à
Laurente.

Et les parents des ambassadeurs massacrés vinrent
à Rome et dirent :

« C'est un crime de tuer un homme ; c'est un
double crime de le tuer pour le voler. Mais c'est un
triple crime de tuer un ambassadeur pour le voler,
et les hommes qui ont été tués sur le chemin de Rome

allaient chez vous, chargés d'une mission de notre cité. Si vous ne protégez pas la vie des ambassadeurs, qui est sacrée, que valent alors vos lois ? Et si vous persistez à ne pas vouloir nous livrer les coupables, faites attention : les dieux vous puniront et la ville entière paiera pour vous ! »

Romulus insista de nouveau auprès de Tatius afin que les assassins fussent remis à ceux qui avaient le droit de les punir, mais Tatius répondit qu'il ne savait où ils s'étaient réfugiés, qu'il ne pouvait rien faire, et que c'était à lui de les chercher. En réalité, il les tenait cachés et les protégeait. Les jours passaient et personne ne faisait justice.

Pendant ce temps, une grande mortalité régnait à Rome.

C'était terrible. Dans chaque maison, on pleurait, on sanglotait, et les morts s'ajoutaient aux morts.

« C'est à cause du crime, ce sont les coupables impunis qui nous font infliger ce châtiment par les dieux ! » disait le peuple.

La nouvelle et épouvantable maladie qui avait éclaté à Rome faisait des ravages. Elle attaquait les hommes, les femmes, les enfants. En peu de jours, en peu d'heures, elle les abattait et les couchait dans la tombe.

On n'entendait que pleurs et gémissements dans les maisons. Dans les rues, on ne voyait plus, comme autrefois, les gens gais et insouciants ; ils étaient affolés et courbés sous le poids du fléau.

Les enfants, les femmes, les hommes et les vieillards, tous mouraient. Aujourd'hui sains et vigoureux, ils étaient sous terre trois jours après. Les frères mouraient auprès de leurs frères, les maris auprès de leurs femmes, les pères à côté de leurs enfants.

« Les dieux sont en colère contre nous. Il faut les apaiser », dit le prince Romulus. Et il commanda une grande cérémonie sacrée et des sacrifices solennels aux dieux dans la ville de Lavinium.

Le prince Romulus se rendit donc à la ville de Lavinium avec le roi Tatius, les prêtres les plus importants et les citoyens les plus en vue, pour offrir des sacrifices solennels aux dieux afin de les apaiser.

Les parents et les amis des victimes l'apprirent, et ils décidèrent de se venger eux-mêmes.

« Si le roi Tatius ne veut pas punir les assassins », dirent-ils, « qu'il expie lui-même le crime, et qu'il meure à leur place : c'est la simple justice ! »

Ainsi parlaient les parents et amis des ambassadeurs qui avaient été tués sur la route conduisant de Laurente à Rome.

C'est pourquoi ils se rendirent en cachette à Lavinium et se mirent en embuscade. Et pendant que le prince Romulus et le roi Tatius sacrifiaient aux dieux, ils se précipitèrent dans le temple, assaillirent le roi Tatius et le poignardèrent.

Et les parents et amis des ambassadeurs crièrent :

« Justice est faite ! Tatius ne voulait pas punir les coupables, et il a expié. Mais Romulus est un prince juste et sage qui doit régner, car il punit les méchants et récompense les bons !

« Vive Romulus ! Vive le chef des Romains ! »

Et Romulus se trouva de nouveau seul à la tête de Rome.

## XXIV

## UN FLÉAU MORTEL

QUAND la nouvelle de la mort du roi Tatius fut connue à Lavinium et parvint à Rome, les habitants commencèrent à respirer.

« Il ne voulait pas faire justice ; c'est lui qui nous a apporté ce terrible châtiment ; à présent qu'il est mort, les dieux s'apaiseront et le fléau cessera ! » disaient les Romains.

Mais la maladie sévissait plus que jamais. Chaque jour il y avait de nouveaux décès et les pleurs ne cessaient pas.

Bientôt un autre fléau vint s'ajouter au premier.

Rome était trop grande pour ne pas avoir d'ennemis, et les peuples voisins la craignaient beaucoup. Mais ils n'osaient lui faire la guerre depuis que l'union avec les Sabins avait encore augmenté sa force. À présent que la ville se trouvait en d'aussi tristes conditions, les habitants de Cameria[1], puis ceux de Véies, pensèrent :

---

1. Ville du Latium.

« N'est-ce point le moment d'empêcher ces gens de devenir encore plus forts ? Tous meurent à Rome, les dieux ont envoyé leur malédiction sur la ville, et dans chaque maison il y a des malades et des morts. Comment les Romains pourront-ils se défendre ? Lançons-nous contre eux, exterminons-les, maintenant que le moment est propice, parce que si nous laissons passer cette occasion, ils deviendraient invincibles ! »

Le peuple de Cameria, puis celui de Véies, marcha donc contre Rome. Alors le prince Romulus sonna le rappel de ses cavaliers et de ses miliciens.

Les soldats se présentèrent en masse : ils avaient laissé à la maison les familles au désespoir, un père, une mère, un frère moribond, mais la nécessité de sauver la patrie était plus forte que la souffrance. Un élan, une force indomptable, invincible, soulevait les Romains lorsqu'il s'agissait de servir Rome sous les ordres de leur chef, d'autant plus énergique et valeureux que le danger semblait pressant, imminent.

Les Romains battirent les soldats de Cameria et de Véies. Ils apercevaient en avant leur prince s'élançant à l'attaque, hardi et rapide comme l'éclair, exterminant à lui tout seul l'ennemi par milliers, ne semblant pas un homme, mais un dieu. Ce spectacle allumait leur fureur : ils se sentaient plus que de simples hommes ; ils se sentaient animés d'un indomptable élan, sûrs de la victoire.

La guerre terminée, les soldats revinrent à la maison.

Mais quelles maisons ! Là où jadis retentissaient les chants et les rires, planait à présent le silence de la mort, et on entendait partout des plaintes et des gémissements. Les rares survivants pleuraient ceux qui n'étaient plus.

La désolation régnait de nouveau dans la demeure de Servius et de Syra. Les quatre enfants de Flaminia étaient tous morts en peu de jours ; le père de Flaminia était mort ainsi que cinq de ses frères ; deux parmi les autres étaient à peine en convalescence, et Flaminia et Syra les soignaient en attendant Servius et Plistinius qui devaient revenir de la guerre.

Quand Servius arriva, la maison du père de Flaminia était fermée et il trouva les deux femmes au chevet des convalescents. Elles les avaient pris chez elles, car il n'y avait plus personne dans l'autre maison pour s'occuper d'eux. L'épidémie décroissait ; le prince Romulus avait tant sacrifié aux dieux qu'à la fin il les avait apaisés.

À présent Plistinius devait revenir. Servius, Flaminia, Syra l'attendaient d'un moment à l'autre.

Ils l'attendaient et ne savaient pas qu'un autre terrible chagrin devait encore les éprouver.

Une nuit, Flaminia rêva de son mari. Elle le vit errer comme une ombre et l'entendit lui dire : « Flaminia, aide-moi ! Pense à moi ! Je ne reviendrai pas ! Je ne suis plus parmi les vivants ; je suis une ombre errante et ne puis trouver la paix avant que tu ne m'aies donné une digne sépulture. Aide-moi, Flaminia ! Pense à moi ! »

Ainsi disait l'ombre dans le songe de Flaminia.

Elle raconta en pleurant son rêve à Servius. Celui-ci se mit aussi à pleurer.

« Hélas, mon frère, ton époux, est mort ! Il n'est plus parmi les vivants, il ne voit plus la douce lumière ! Il est mort, il est une ombre errant parmi les ombres, et n'a point de repos ! »

« Il n'aura point de repos jusqu'à ce que nous lui ayons procuré une sépulture convenable », dit Syra, pleurant aussi, car elle avait aimé Plistinius comme un frère.

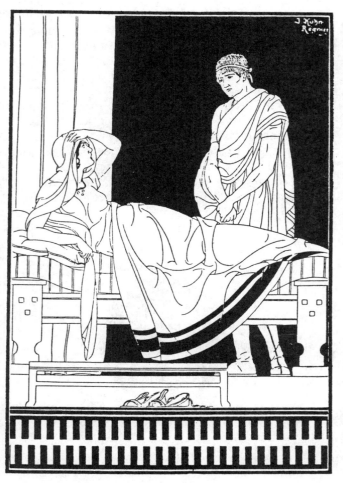

*Elle raconta en pleurant son rêve à Servius.*

Servius se mit à la recherche du corps. Il le trouva sur le champ de bataille, la poitrine percée d'un coup de lance.

Les camarades éplorés l'aidèrent à le transporter en lui rendant tous les honneurs militaires, car il était mort en héros, combattant pour la patrie. Ensuite ils l'enterrèrent à côté de la tombe où reposait Licinius et où avaient été déposés les corps de ses petits enfants. Sur la tombe ils versèrent du miel, du lait, du grain et brûlèrent de l'encens pour que l'ombre pût enfin reposer tranquillement. Puis ils l'invoquèrent afin que, du règne des ombres, elle protégeât leur maison dévastée et leur rendît la paix.

Il y eut des pleurs, des cris et des lamentations dans la maison de Servius. Puis le silence se rétablit.

## XXV

## SERVIUS ADOPTE UN FILS

PRÉSENT Plistinius reposait tranquille dans sa tombe, auprès de ceux qui, de son vivant, lui avaient été chers ; Flaminia, Servius et Syra portaient du miel, de l'encens et du vin sur sa tombe ; ils l'invoquaient, l'appelaient des plus doux noms ; et lui n'errait plus, malheureux et inquiet comme les ombres qui n'ont pas de sépulture, mais était tranquille auprès de tous ceux auxquels pensent les vivants, sur les tombes desquels on verse le souvenir et les offrandes nécessaires aux morts.

Les deux petits convalescents guérirent : les sacrifices du prince Romulus avaient apaisé les dieux, et le fléau avait cessé. Ainsi pensait le peuple qui adorait de plus en plus son chef.

Les deux petits, Pline et Manlius, guérirent : ils oublièrent leurs maux et recommencèrent à remplir la maison de leur gaieté.

Ils étaient cinq : l'aîné, Tullius, qui avait treize ans, aidait déjà comme un petit homme Servius dans ses travaux ; puis, aux heures de liberté, il courait par toute la maison et dans le jardin avec ses quatre petits frères. Servius et Syra se réjouissaient de cette gaieté insouciante qui n'effaçait pas le passé, mais dissipait la sombre tristesse qui aurait régné dans la maison sans les enfants.

Et Servius dit à Syra : « Il me semble vraiment que ces enfants sont les fils de Plistinius, mon frère ; ils sont pauvres et orphelins, tandis que nous sommes riches et n'avons pas d'enfants. Je voudrais qu'au moins l'un d'eux fût tout à fait à nous, et qu'après notre mort il fût maître de tout ce que nous possédons, qu'il habitât notre maison et continuât à surveiller et garder notre foyer. Serais-tu d'avis qu'il en soit ainsi ? »

« Oui, oui », répondit Syra, « mais comment faire ? »

« Je ne sais ; j'imagine qu'il faut une loi. J'en parlerai au prince Romulus ; il est si intelligent qu'il trouve un remède à tout et réussit tout ce qu'il veut ; il me montrera le chemin à suivre. Il ne faut pas oublier qu'il est entouré de conseillers et de prêtres, gens habitués à penser au bien du peuple, à résoudre les questions les plus difficiles, à dicter les lois. Il leur demandera certainement conseil quant à la solution à apporter et me donnera une réponse appropriée. »

Quelques jours après, Servius parla à Syra de la question.

« J'ai vu le prince Romulus, et lui ai parlé de notre désir. Je le connais bien et savais qu'il ferait tout pour me donner satisfaction dans une aussi juste affaire. Il m'a dit qu'il avait déjà une idée à son sujet, mais qu'il voulait encore examiner la question et les moyens de la résoudre, qu'il consulterait les optimates et ferait de son mieux pour me contenter. »

Le prince Romulus fit en effet examiner la question. Servius, citoyen de Rome, n'avait pas d'enfants ; son fils était mort, les fils de son frère étaient morts ; comment devait-il faire pour continuer la famille ? Il fallait qu'un des frères de Flaminia devînt son fils de par la loi, qu'il acquît ainsi tous les droits et se chargeât de tous les devoirs envers sa nouvelle famille.

Et la question fut résolue ainsi :

Le prince Romulus fit rassembler les cavaliers, camarades de Plistinius, sur la grande place des jeux. Il appela aussi les patriciens et les prêtres, beaucoup de gens appartenant aux différentes tribus dont Rome était composée, et les trois tribuns : toute la ville était donc représentée.

Devant les représentants de tout Rome, selon les décisions des hommes chargés d'étudier la question, Servius déclara vouloir adopter Manlius, le plus petit des frères de Flaminia ; comme son fils, il aurait le droit d'hériter de ses biens après sa mort, et le devoir d'habiter la maison, d'entretenir la flamme du foyer, d'offrir le lait, le vin et l'encens aux tombeaux de la famille et aux dieux domestiques.

C'est ainsi que le plus jeune frère de Flaminia devint, de par la loi, le fils de Servius et de Syra.

Et le prince Romulus introduisit cette nouvelle loi dans la cité de Rome, car après que Servius eut adopté Manlius, d'autres citoyens qui n'avaient pas d'enfants voulurent faire comme lui ; la disposition que le prince Romulus avait adoptée pour Servius devint ainsi une loi dont d'autres tirèrent parti.

Servius et Syra gardèrent toujours le petit Manlius auprès d'eux, et les frères de Manlius, aussi, étaient souvent reçus dans leur société.

Grâce à la nouvelle loi, le petit Manlius était devenu comme leur propre fils et Servius et Syra avaient

197

réussi à édifier une nouvelle famille sur les ruines de l'ancienne.

Ainsi, après tant d'adversités, Servius et Syra eurent enfin une vieillesse sereine et presque heureuse.

## XXVI

# HISTOIRE D'UN ORAGE
# CONCLUSION

Il y eut la guerre et la paix, et il y eut la paix et la guerre.

Mais Romulus fut toujours vainqueur. Et quand il eut vaincu tout le monde, les peuples des alentours respectèrent Rome, parce qu'ils avaient peur de sa force ; alors la paix régna.

Le prince Romulus donna beaucoup de lois sages au peuple, il les fit observer et Rome devint encore plus puissante.

Mais ce grand homme qui avait fondé une puissante cité, qui avait vaincu tous ses ennemis, qui était adoré comme un dieu, ce grand homme ne sut pas vaincre sa propre grandeur. Ainsi, il apparut en public, vêtu comme un souverain, entouré de jeunes gens attentifs à chacun de ses gestes ; il ne demanda plus conseil à personne au sujet de ce qu'il devait faire, ne consulta plus les patriciens ni les optimates, persuadé que sa propre opinion était toujours la meilleure. Il avait vaincu tout le monde ; à présent, il voulait vaincre plus qu'il ne fallait. Il avait été homme parmi les hommes ; à présent il voulait être maître parmi des moutons.

Le peuple l'adorait encore, mais les patriciens commençaient à le détester et désiraient sa mort.

Par une journée d'été, le prince Romulus disparut de la terre.

C'était le sept juillet ; après ce sept juillet, personne à Rome ne le vit plus.

Ce sept juillet fut une journée étrange, bien différente de toutes les autres.

Au milieu de la journée, la lumière s'évanouit. Le soleil, caché par une immense muraille de brouillard noir, tout à coup ne se vit plus. De tous côtés retentissaient d'épouvantables coups de tonnerre, accompagnés de rafales de vents furieux et hurlants qui amenaient la tempête. Les oiseaux fuyaient pour se protéger de la fureur des cieux. Les animaux, pleins de terreur, se cachaient dans les tanières les plus sombres, et les hommes, épouvantés, cherchaient un refuge contre le déchaînement des éléments.

Le prince Romulus était avec les sénateurs au temple de Vulcain et sacrifiait aux dieux. La tempête sévissait avec furie. Ciel et terre étaient dans les ténèbres, traversées de temps à autre de lueurs aveuglantes et du fracas des coups de tonnerre.

Puis ceux-ci s'éloignèrent et la tempête cessa. La muraille noire se déchira et derrière elle, apparut la clarté lumineuse de l'azur. Le calme revint, le soleil rayonna de nouveau. Mais le prince Romulus, le prince Romulus, où était-il ?

Il avait disparu, et personne ne le vit plus.

Alors les sénateurs et les patriciens parlèrent au peuple et dirent :

« Peuple de Rome, votre prince et chef, le fondateur de votre ville, a disparu. Il a certainement quitté cette terre, car nous ne le trouvons plus. Mais il n'est pas mort, il a au contraire disparu pendant ce terrible ouragan, quand le ciel et la terre se sont obscurcis ; et nous croyons que ceci est arrivé de par la volonté des dieux, qui ne le considéraient plus comme un homme, mais comme un dieu et qui l'ont ravi parce qu'ils le voulaient parmi eux. »

Mais le peuple de Rome murmurait, il réclamait son prince et disait :

« Ce n'est pas vrai, ce n'est pas vrai, il n'a pas disparu, mais c'est vous qui l'avez fait mourir parce que vous étiez jaloux de lui ! »

Le peuple grondait et menaçait de se mettre en révolte.

Alors Jules Proculus parla aux Romains.

Jules Proculus était venu d'Albe avec le prince Romulus, il avait toujours été son fidèle ami, et avait passé toute sa vie aux côtés de son compagnon et prince. Le peuple avait confiance en Jules Proculus, et le vénérait plus que tous les autres patriciens.

Jules Proculus, donc, alla sur la grande place, et parla aux Romains.

« Peuple de Rome, je vous dirai exactement ce que j'ai vu. Je marchais cette nuit, seul, à la lumière de la lune, par les rues de Rome. Et voilà que je vois apparaître, venant à ma rencontre, comme s'il était vivant, mon ami bien-aimé, le compagnon de ma vie, ce prince Romulus duquel tous ici, à Rome, grands et petits, nous déplorons la perte. C'était lui, mais il était plus beau, plus grand, plus lumineux que je ne l'avais jamais vu : ses armes semblaient faites de lune et de soleil, et son visage était celui d'un homme qui a déjà goûté à l'ambroisie des dieux.

« ''Ô ami et prince, lui dis-je, pourquoi nous as-tu abandonnés ? Pourquoi nous as-tu exposés aux

« C'était lui, mais il était plus beau, plus grand... »

accusations les plus horribles et as-tu laissé Rome dans les pleurs et dans la douleur ?''

« Ainsi demandai-je à l'ombre resplendissante. Et elle me répondit :

« ''Jules Proculus, dis aux Romains de ne pas s'affliger pour moi, dis-leur au contraire de se réjouir de mon sort. J'avais terminé la tâche qui m'avait été assignée sur terre, et la terre était désormais trop petite pour moi. Les dieux m'avaient envoyé en Italie pour y fonder la plus grande ville du monde, une ville éternelle, Rome.

« Rome vit : Rome est aujourd'hui forte et puissante, et elle sera ainsi dans les siècles à venir. Mais toi, dis aux Romains d'être tranquilles, parce que ma volonté est celle-ci : je veux qu'ils observent mes lois et qu'ils marchent dans les voies de la justice. Je suis dieu parmi les dieux, je suis le dieu Quirinus. Les Romains peuvent toujours m'appeler de ce nom et invoquer mon aide : je répondrai.

« Oui, je protégerai les Romains. Ils ont au ciel un dieu qui veut leur bonheur ; et s'ils suivent les voies de la justice et de la discipline, s'ils restent unis sous les ordres de leurs chefs, ils deviendront les maîtres du monde !''

« Ainsi me parla cette nuit, ô Romains, le prince Romulus, et après avoir dit ces mots, il disparut tout à coup de ma vue. Romains, écoutez les paroles de votre prince et chef : obéissez-lui. Soyez terribles envers les ennemis de Rome, mais respectueux envers vos chefs. Observez les lois que votre prince vous a données, et Romulus, fondateur de Rome, élevé aux cieux sous le nom de dieu Quirinus, vous protégera à travers les siècles. Vive Romulus, roi de Rome ! Vive le dieu Quirinus, protecteur des Romains ! »

Et tout le peuple s'écria d'une seule voix : « Vive Romulus, roi de Rome ! Vive le dieu Quirinus, protecteur des Romains !

« Nous observerons ses lois, nous serons disciplinés sous les ordres de nos chefs, nous serons terribles envers nos ennemis. Il fera de nous un grand peuple, et Rome sera puissante à travers les siècles ! »

Ainsi crièrent enfin les Romains, apaisés par Jules Proculus, exaltant leur roi et dieu, Romulus, fondateur de Rome.

..............................................

Et il y eut la paix et la guerre, et la guerre et la paix. Dans la paix et dans la guerre, Rome devint de plus en plus grande.

# TABLE DES MATIÈRES

      I. Histoire du roi Procas et de ses deux fils . . . . . . . . .   5

     II. Histoire d'un petit prince . . . . . . . . . . . . . . . . . . . . . .   13

   III. Histoire d'une princesse qui devint vestale . . . . . . . .   19

  IV. Histoire d'une vestale et d'un feu éteint . . . . . . . . . .   23

     V. Histoire d'un feu rallumé . . . . . . . . . . . . . . . . . . . . . .   32

  VI. Histoire de deux enfants nouveau-nés . . . . . . . . . . . .   37

 VII. Histoire de deux enfants trouvés qui deviennent princes   49

VIII. Histoire de douze vautours et de la Ville carrée . . . .   60

  IX. Histoire de deux esclaves et d'un débiteur . . . . . . . . .   67

    X. Histoire de la naissance de Rome . . . . . . . . . . . . . . .   78

   XI. La fête des Palilies . . . . . . . . . . . . . . . . . . . . . . . . . . .   93

  XII. La journée du dieu Terme . . . . . . . . . . . . . . . . . . . . .   98

 XIII. Servius devient père et patron . . . . . . . . . . . . . . . . .  106

 XIV. Histoire des femmes de Rome . . . . . . . . . . . . . . . . . .  112

  XV. La fête du Conseil . . . . . . . . . . . . . . . . . . . . . . . . . . . .  119

 XVI. Histoire des jeunes filles enlevées . . . . . . . . . . . . . . .  127

XVII. La première guerre de Rome . . . . . . . . . . . . . . . . . . .  136

XVIII. Histoire du prince victorieux . . . . . . . . . . . . . . . . . . .  142

 XIX. Histoire du petit Licinius . . . . . . . . . . . . . . . . . . . . . .  150

  XX. Histoire d'une jeune fille qui aimait trop les bijoux  157

 XXI. Histoire des femmes qui ont voulu la paix . . . . . . . .  166

 XXII. Le mariage de Plistinius . . . . . . . . . . . . . . . . . . . . . .  174

XXIII. Histoire d'un crime et d'une vengeance . . . . . . . . . .  184

XXIV. Un fléau mortel . . . . . . . . . . . . . . . . . . . . . . . . . . . . .  190

 XXV. Servius adopte un fils . . . . . . . . . . . . . . . . . . . . . . . .  195

XXVI. Histoire d'un orage — Conclusion . . . . . . . . . . . . . .  199

Des livres plein les poches
Des histoires plein la tête

## A découvrir dans la même collection :

**Contes et légendes des chevaliers de la Table Ronde**
Laurence Camiglieri

**Contes et récits tirés de *L'Énéide***
G. Chandon

**Les contes d'Excalibur**
Alain Demouzon

**Contes et légendes de l'Égypte ancienne**
Marguerite Divin

**Contes et légendes des pays d'Orient**
Charles Dumas

**Contes et légendes des Antilles**
Thérèse Georgel

**Contes et légendes du temps d'Alexandre**
**Contes et légendes de Babylone et de Perse**
Pierre Grimal

**Contes et légendes du Moyen Âge français**
Marcelle et Georges Huisman

**Contes berbères de Kabylie**
Mouloud Mammeri

**Légendes et récits de la Gaule et des Gaulois**
Maguelonne Toussaint-Samat